Praxistod

Protokoll einer Auflösung und Entsorgung einer Hausarztpraxis

Praxistod

Dr. Jürgen Rabe

Bibliografische Information der Deutschen Nationalbibliothek:
Die Deutsche Nationalbibliothek verzeichnet diese Publikation in der
Deutschen Nationalbibliografie; detaillierte bibliografische Daten sind
im Internet über http://dnb.dnb.de abrufbar.

Herstellung und Verlag: BoD – Books on Demand, Norderstedt

ISBN: 978-3-751994026

Nach der Praxis

Abgeschlafft von der Praxis nach Hause gekommen, fiel mir das Magazin *Arzt und Wirtschaft* in die Hände. Schon auf der Umschlagsseite schreckte mich die Ankündigung eines Artikels „Steuer, wann der Fiskus ihr Konto einsehen darf" auf.

Reflexmäßig überlegte ich: "Oh Gott jetzt werden meine Konten noch durchleuchtet .unter Umständen kommt wieder eine Steuerprüfung auf mich zu, sowie die letzte, vor drei Jahren, die mich einige 1000 € gekostet hatte.

Beim Weiterblättern stieß ich auf das Inhaltsverzeichnis. Wieder befiel mich bei dieser Ankündigung ein schlechtes Gewissen, bei dem Artikel „Kleinchirurgie, jetzt legt die KV den Finger in die Wunde".

Nun kam ein Flash back zu den letzten KV Verfahren und Regressen, die mich schon ein Vermögen gekostet hatten: Steht mir schon wieder eine Prüfung ins Haus?

Ich las die Thematik weiter: Leichenschau: Keine Hausbesuche bei Toten abrechnen. „Um Gottes Willen habe ich etwa auch falsch Leichenschauscheine abgerechnet?"

Und wie steht's mit der Aufbewahrung .Habe ich die Aufbewahrungsfristen für Bewerbungen von Arzthelferinnen eingehalten? Habe ich gar Bewerbungsunterlagen vernichtet?

Oh Gott, oh Gott, verstoße ich denn gegen das Datenschutzgesetz mit meinen Faxen, mit der Übermittlung der Befunde. Hier werde ich klar belehrt: Wegen Sicherheitsmängeln will man das Faxen ja komplett abschaffen.

Kopfschüttelnd sitze ich auf der Couch und sage mir: Mit meinen 70 Jahren habe ich heute elf Stunden Praxis gemacht, habe mich bemüht ehrliche gute Medizin zu machen ,mich bemüht, ein aufrechter Demokrat, ein korrekter Steuerzahler und Mensch zu sein ,der nicht mit dem Gesetz kollidiert. Doch letzteres scheint mir, wahrscheinlich nicht ganz gelungen zu sein??

Kein Wunder, wenn wir ,die Rechtschaffenden ,die permanent Arbeitenden die sind ,die man kontrolliert, drangsaliert und auf die mit dem publizistischen Knüppel permanent eingeschlagen wird.

Aber ich sehe Licht am Ende des Tunnels, in nicht absehbarer Zeit werde ich genüsslich meinen Schlüssel in der Eingangstür umdrehen ,das ganze Praxisinventar in einen Container schmeißen und "Ade Praxis "sagen, denn einen Praxisnachfolger werde ich wohl kaum finden, als Allgemeinarzt ,der über 30 Jahre in einer Stadtrandregion im Rhein-Main-Gebiet praktiziert hat.

Dies war der Status quo im Juli 2019 und wie schon vorhersehbar: So ist es leider auch gekommen.

35 Jahre meines Lebens habe ich in dieser Praxis verbracht und nach zehnjähriger klinischer Ausbildung als Chirurg, Unfallchirurg, Allgemeinmediziner mich in eigener Praxis niedergelassen.

Nun ist es an der Zeit, nach einem solch langen Zeitraum einmal Bilanz zu ziehen und gleichzeitig sich von der eigenen Praxis, seinem Lebenswerk adäquat zu verabschieden.

Es haben sich in der letzten Zeit nicht unerhebliche Veränderungen in der ambulanten Medizin ergeben, die uns Therapeuten und das therapeutische Verhältnis zum Patienten belasten, das Arzt- Patient Verhältnis strapaziert und teilweise auf eine harte Probe stellt.

Die" Rahmenbedingungen " haben sich deutlich verändert, wie auch die Menschen sich verändert haben- insbesondere in den letzten fünf bis zehn Jahren-, aber leider nicht zu ihrem Vorteil.

Die Menschen in der Praxis sind natürlich auch das Spiegelbild der Menschen in unserer Gesellschaft. Auf diese Art und Weise wird man mit bestimmten Charaktertypen, deren Entwicklungen sowie deren Forderungen und Aggressionen konfrontiert. Diese, nämlich die Aggressionen, machten mir als Therapeuten insbesondere in letzter Zeit in erheblichem Maße Probleme.

Absolut wichtig ist hierbei, die Historie der Praxis und die Entwicklung des ambulanten Gesundheitssystems der letzten Jahre genau anzusehen und zu analysieren.

Einsichten und Verständnis vermittelt eine Beschreibung der

unterschiedlichen Praxisphasen von dem Absprung aus der Klinik ,der Praxisgründung 1984, über die Hochphase der Drehtür-,der Rummelplatz-der Tür und Angelmedizin,- bis hin zur Auflösung im Dezember 2019, bis hin zum

Praxistod.

Flucht aus der Klinik

Nach sechs Jahren in Frankfurter Kliniken landete ich letztendlich in einem Krankenhaus der Maximalversorgung im Rhein Main Gebiet.

Es handelte sich hierbei um ein Krankenhaus, das eine riesige Region und ein großes Einzugsgebiet versorgen musste in der Akutbehandlung von Unfällen sowie chirurgischen Notfällen. Ich war hier in der Unfallchirurgie gelandet, in einer Abteilung, in der man bis zur Erschöpfung arbeiten musste. Während die Kollegen der Inneren Medizin als Zweierteam Dienst machten, war ich als Chirurg in der Ambulanz als Einzelner, als Einzelkämpfer tätig.

Die besondere Situation hierbei war noch, dass bei der akuten Notfallversorgung, d.h. wenn der Verletzte gleich operiert werden musste, ich die Ambulanz verließ, um dem Oberarzt mit zu assistieren bei der Notfalloperation.

Dauerte die OP etwas länger, so konnte es sein, dass ich nach ein bis anderthalb Stunden von einer Menge frustrierter aggressiver Patienten und deren Angehörigen empfangen wurde ,die schon die ganze Zeit auf ihre Behandlung warteten.

Hier zog ich schon damals den Vergleich mit anderen Berufsgruppen. Nach einem Tagesdienst musste ich die ganze Nacht in Bereitschaft sein und die Ambulanz versorgen. Der sogenannte Bereitschaftsdienst sah in der Regel so aus, dass ich fast die ganze Nacht auf den Beinen war und zu tun hatte. Kaum hatte ich mich hingelegt, musste ich entweder auf die Station eilen oder in der Ambulanz Verletzte, die mehr oder weniger schwer Traumatisierten, behandeln.

Überträgt man diese Dienstbelastung auf andere Berufsgruppen, die verantwortungsvoll tätig sind, wie etwa Piloten oder Zugführer, erkennt jeder sofort die existierende Ungleichheit. Nach acht Stunden sollte jeder, der verantwortlich eine berufliche Position ausfüllt, die Möglichkeit haben sich zu regenerieren und nicht bis zur Erschöpfung weiter arbeiten zu müssen.

Hierbei muss man allerdings sehen, dass die Charakterstruktur der Ärzte diesen Bedingungen entgegenkommt. Allein schon das Auswahlprinzip des Numerus Clausus setzt voraus, dass nur bedingungslos leistungsbereite Menschen für diesen Beruf selektiert werden.

Hinzu kommt noch das ausgeprägte Pflichtbewusstsein und die Anpassung an Bedingungen, die für die meisten anderen Menschen schwer zu ertragen sind.

Neben der bedingungslosen Anpassung kommt ein extremes Über-Ich hinzu dirigiert von der Maxime: Ich kann den Patienten doch nicht im Stich lassen, d.h. ich muss helfen und gleich gar nicht an mich denken. So schnappt die Ethikfalle zu.

Während des Studiums lernt der Mediziner beim dauernden Pauken ,die Verleugnung der eigenen Grundbedürfnisse ,wie etwa Essen, Trinken und auch Schlafen auszuhalten; ergo eine ideale Voraussetzung für die spätere Situation in der Klinik, um Dienste von über 24 Stunden Länge durchzustehen und die immer noch hierarchischen Strukturen ,die Unterordnung unter Chef- und Oberärzte zu ertragen.

Auch führt die Klinikatmosphäre dazu, dass der Arzt in seiner Ausbildung den Konflikten gegenüber seinen Vorgesetzten ausweicht und deutlich eine Furcht vor Benennung problematischer Situationen entwickelt.

Auf diese Art und Weise kommt eine Konditionierung zu Stande, die sich auch im späteren Verhalten in der Praxis zeigt, wenn man von Seiten der KV, der Kassenärztlichen Vereinigung, und den Krankenkassen angeschrieben und angeklagt wird, wegen beispielsweise unwirtschaftlichem Verhaltens. Öfters mündet dies in der resignativen Frage:

Was kann ich denn dagegen machen?

Hinzu kam noch die Haltung der Patienten, die mit Bagatellen und Befindlichkeitsstörungen aus eigener Entscheidung in die Ambulanzen gehen und gingen, ohne vorher einen Arzt konsultiert zu haben, eben in der Hoffnung schneller und- weil Klinik- besser behandelt zu werden.

Ein so genanntes Schlüsselerlebnis war schließlich und endlich ein in Kliniknähe stattfindendes Popkonzert, bei dem ein bekiffter Autofahrer in eine Menschenmenge fuhr und die Notarztwagen uns drei Schwerverletzte innerhalb einer Dreiviertelstunde in unsere Ambulanz brachten.

Wir arbeiten in dieser Nacht bis zur Erschöpfung durch. Bei einer Operation beim Haken halten, nickte ich beinahe ein und konnte mich nur noch mit Mühe wach und auf den Beinen halten.

Im Morgengrauen ging ich vor die Tür der Notaufnahme und schaute in die aufsteigende Sonne, und in diesem Moment entschloss ich mich, aus der Klinik mich baldmöglichst zu verabschieden und dachte wie die Bremer Stadtmusikanten: Nur fort! Überall ist es doch besser als hier!

MMW Fortschritte der Medizin 2019.21-22/161

Müde Ärzte sind gefährlich

Schlafstörungen in der Klinik betreffen zum einen den ärztlichen Bereitschaftsdienst aber auch die Patienten auf der Intensivstation.

Übermüdete Ärzte machen häufiger Fehler, was auch juristische Konsequenzen zur Folge haben kann.

Schlafentzug hat relevante Auswirkungen auf die Leistungsfähigkeit ähnlich wie Alkohol: Zwei Stunden Schlafmangel wirken wie 0,8 Promille Alkohol im Blut

Eine kurze Schlafdauer ist mit Stoffwechselveränderungen begleitet, d.h. die Insulinresistenz und somit auch das Diabetesrisiko ist erhöht. Überdies erhöht Nachtarbeit bei Männern auch das Krebsrisiko und reduziert die normale Immunabwehr.

Die Praxisgründung

Ein glücklicher Zufall wollte es, dass ich zwei Wochen später bei einer Besprechung folgende Information von der Sekretärin unserer Klinikleitung bekam: Im unmittelbaren Umfeld unserer Klinik wurde ein Nachmieter für eine Praxis gesucht.

Als ich die Rufnummer des Vermieters bekam und mich mit ihm in Verbindung setze, bemerkte ich zu meinem Erstaunen, dass dies ein Kollege war, den ich aus meiner Klinikzeit in Frankfurt kannte. Nach meinem Abschied aus der Klinik hatten wir uns komplett aus den Augen verloren.

Die meisten Offerten dieser Art hatten häufig besondere Konditionen. Das zeigte sich recht bald, nämlich der sprichwörtliche Haken oder Pferdefuß. Die Vormieter hatten einen Konflikt mit dem Vermieter und waren ohne eine gütliche Einigung vor Beendigung des Mietvertrages aus der Praxis ausgezogen.

Also mussten die Vormieter erst auf ihre Räume verzichten, um somit mir den Weg freizumachen, einen neuen gültigen Mietvertrag mit meinem Vermieter abzuschließen.

Schon zu dieser Zeit war es recht ungewöhnlich, eine Praxis neu zu gründen und leere Praxisräume anzumieten, obwohl die allgemeinmedizinische Einzelpraxis damals noch als gängiges Standardmodell galt.

Es gehörte eine Menge Mut, nennen wir es Tollkühnheit, dazu, eine Neugründung zu wagen, bei null Patienten anzufangen und erst sukzessive eine Patientenklientel aufzubauen.

Ein positiver Aspekt war hierbei allerdings, dass sich im gleichen Haus im Erdgeschoss eine Apotheke befand und im Souterrain eine Physiotherapeutin tätig war.

Damals gab es noch die" Praxiseinrichter", die aufgrund eines Grundrisses Praxismöbel und medizinische Geräte zusammenstellten, um eine Praxis neu auszustatten. Natürlich war dieser Dienstleister alles andere als kostengünstig; eine Erfahrung, die ich auch teuer bezahlen musste .

Eine Überlegung war schon von der ersten Minute und Stunde gegeben; Wie kann ich Patienten für meine Praxis gewinnen? Ich hatte den unwiederbringlichen Vorteil lange Zeit in der Chirurgie, Unfallchirurgie tätig gewesen zu sein .zu diesem Zeitpunkt gab es in dem Stadtteil, in dem ich mich niederließ, keinen niedergelassenen Chirurgen. So kam mir die Idee eine H-Arzt Praxis (Facharzt für Allgemeinmedizin, der auch Arbeitsunfälle behandeln darf)einzurichten.

Dies war eine sehr teure Idee, da es nötig war eine Röntgen-Anlage anzuschaffen, einzurichten mit eigenem Röntgenraum, Entwicklerraum, um entsprechend der Röntgenverordnung Röntgendiagnostik im Sinne einer Teilradiologie zu betreiben. Abgesehen von den vielen Pannen, die uns beim Ausbau der Abteilung uns widerfuhren, kam es auch durch meine hohen Investitionen zu einer erheblichen finanziellen Schieflage, die unmittelbar nach der Praxiseröffnung mit Wochenenddiensten im Notdienst ausgeglichen werden mussten.

So entwickelte sich die gleiche Situation, eine Situation, der ich entfliehen wollte. Eben gerade deswegen war ich doch aus der Klinik gegangen. Ich musste wieder Wochenenddienste schieben und nach einem kompletten Dienstwochenende am Montag in der eigenen Praxis weiter arbeiten.

Aber dennoch war eine Röntgenanlage in dieser Zeit sehr wichtig, um diagnostisch breit aufgestellt zu sein und um traumatologisch wie auch sportmedizinisch tätig werden zu können.

Das war nicht das einzige Lehrgeld, das ich zu Beginn meiner Praxistätigkeit zahlte. Bei einem Fehler der überbezahlten Ersthelferin zeigte sich schon in den ersten Monaten die Macht und der Einfluss der kassenärztlichen Vereinigung.

Nach nur einem halben Jahr kamen die ersten Regressforderungen per Einschreibebrief in meine Praxis geflattert. Die Ersthelferin hatte auf die Rezepte für Materialien, die Binden, die Kompressen und Salben für den Sprechstundenbedarf „Erstausstattung geschrieben", was natürlich nicht den Kassengesetzen entsprach.

Für die Kassen gibt es keine Erstausstattung sondern nur einen quartalsmäßigen Sprechstundenbedarf. Meine Unwissenheit, mein Vertrauen in eine mir wärmstens empfohlene Helferin mündete in der Bezahlung von einigen tausend DM, was mir postwendend von meinem ersten schmalen Honorar abgezogen wurde.

Nach einem weiteren dreiviertel Jahr wurde ich erstmalig zu einer Verhandlung der kassenärztlichen Vereinigung gerufen, da ich auch in der Behandlung meiner damals noch wenigen Patienten eine erhebliche Überschreitung des Durchschnittsfallwertes aufwies.

Eine Erfahrung, die sich im Lauf der Jahre öfters wiederholen sollte, nämlich als Einzelperson vor ein Tribunal geladen zu werden, bestehend aus acht bis zehn Personen, Repräsentanten der Krankenkassen und Ärzte der kassenärztlichen Vereinigung, die mich dann zur Zahlung von Medikamenten, Massagen oder zur

Rückzahlung von meinem Honorar verurteilten. Fast immer zog ich hierbei den Kürzeren, musste zahlen, respektive zurückzahlen.

Wie war das gleich? Die Kassenärztlichen Vereinigungen waren doch eigentlich gegründet worden, um die Interessen der Ärzte gegenüber den Krankenkassen zu vertreten?

Kampf der Gründerjahre

Die Konstellation, dass ich mich in Praxisräume begab, die von Kollegen vorher benutzt wurden und die im Streit von diesem sich getrennt hatten, war schon etwas unglücklich. Die Vormieter, die Kollegen hatten sich auch nur einen Steinwurf weit von meiner neuen Praxis niedergelassen und auch viele Patienten waren ihnen gefolgt. So gestaltete sich der Praxisstart äußerst zähe und relativ schwierig.

Bevor ich mich als Kassenarzt in eigener Praxis niederlassen durfte, musste ich eine sechsmonatige Praxisvertretung bei Ärzten meiner Fachrichtung absolvieren. Weil ich mich schon länger mit der Absicht trug, mich niederzulassen, hatte ich dies schon in meinen Urlauben durchgeführt. Zuerst war ich in einer großen Praxis in Frankfurt tätig gewesen, die auch damals schon eine ausgeprägte Multikulturalität und Buntheit aufwies.

In diesem Zusammenhang lernte ich auch die "Vorzüge" einer so genannten Landarztpraxis im vorderen Vogelsberg kennen. Neben der permanenten Rufbereitschaft ,d.h. rund um die Uhr gerufen zu werden, kam noch hinzu, dass die Patienten im Lauf der Zeit herausgefunden hatten, wo ihr Hausarzt wohnte. Noch am späten Abend scheuten die Patienten sich nicht, die fehlende Arbeitsunfähigkeit als Notfall zu deklarieren und bei diesem Kollegen an der Haustür zu klingeln, um diese unter Umständen gegen 21:00 Uhr einzufordern.

In dieser Zeit entwickelte ich eine Hochachtung vor der Arbeit des Kollegen, der unter Umständen kilometerweit über Land fahren musste, um Hausbesuche durchzuführen, Fahren bei Tag und Nacht. Aber es war auch eine Zeit, wo zum

Quartalsbeginn der Doktor beim Erstbesuch das Bündel Krankenscheine der gesamten Familie in seine Tasche steckte.

In diesem Umfeld machte ich die Erfahrung, dass unter den Kollegen ein sehr freundlicher und kollegialer Ton herrschte, in dem man sich unterstützte und auch in bestimmten Fällen Dienste übernahm und keiner in einer Konkurrenzsituation zu einem anderen Kollegen stand.

Dies war allerdings in der Region, in der Gemeinde in der ich mich niederließ, doch deutlich anders.

In meiner Umgebung hatte ich von der ersten Minute das Gefühl, dass ich als neu niedergelassener Kollege nicht willkommen war.

Durch die Klinikzeit hatte ich es versäumt, rechtzeitig meine Promotion abzuschließen, so dass auf dem ersten Praxisschild am Tage der Eröffnung der Praxis der Doktortitel fehlte.

Wie heißt es doch gemeinhin: "Eine Krähe hackt der anderen kein Auge aus". Dies wird immer angeführt, wenn über Ärzte und deren Beziehung untereinander gesprochen wird, um darzustellen, dass bei Ärzten Kollegialität bis hin zur Kumpanei über alles geht.

In dem Haus in dem sich die neugegründete Praxis befand, war im Erdgeschoss eine Apotheke angesiedelt. Der Apotheker war natürlich glücklich und froh, dass sich in die Praxisräume wieder ein neuer Arzt begeben hatte und für den Umsatz ein wenig Aufschwung bringen würde.

Der Vorteil darin lag auch ,dass die Patienten, die von anderen Kollegen kamen und das Rezept einlösten , dem Apotheker neueste Neuigkeiten aus dem Ort mitbrachten , die neuesten Gerüchte und Parolen über meine Person und meine Praxis.

Schon der Hinweis meiner Kollegen auf die fehlende Promotion verunsicherte viele Patienten. Diese Verunsicherung gipfelte in der Frage: Ist der überhaupt ein richtiger Arzt? Kann ich zu dem überhaupt gehen? Kann der mich denn überhaupt richtig behandeln?

Doch der Spuk hatte bald ein Ende:

Schon ein halbes Jahr später hatte ich das Rigorosum absolviert und durfte mich Doktor nennen. Kurz nachdem ich das neue Schild montiert hatte, bekam ich einen Rückruf der Landesärztekammer, durch den mir mitgeteilt wurde, dass Kollegen nachgefragt hätten, ob ich ohne Promotion einen Doktortitel auf dem Praxisschild führen würde. Natürlich war dem nicht so.

Aus Ärzteblatt/Archiv: DÄ

Ein Arzt der kein Doktor ist? Was früher die Ausnahme war ist heute nicht unüblich. Schätzungen aus dem Jahr 2009 gehen davon aus, dass noch etwa 60 % aller Medizinabsolventen promovieren. Vergleichszahlen des statistischen Bundesamtes zeigen jedoch, dass die Bereitschaft eine Dissertation zu verfassen, Jahr für Jahr zurückgeht.

In diesem Zusammenhang wurde mir so langsam klar und es hat sich immer in den kommenden Jahren bestätigt – bis auf einige wenige Ausnahmen –, ich war in eine Region geraten, in der Kollegialität nicht so groß geschrieben wird, wie es früher üblich war.

Genau da ist das grundsätzliche Problem, unter dem die Ärzte leiden. Krankenkassen, Politiker und auch die kassenärztlichen Vereinigungen haben schon längst bemerkt, dass unter den

Ärzten keine richtige Solidarität herrscht. Jeder einzelne bleibt im Wesentlichen für sich ein Einzelkämpfer und der andere Kollege bleibt Konkurrent.

Bei einer solchen Konstellation funktioniert ausgezeichnet das Prinzip, was Regierende und Politiker seit jeher praktizieren:

Teile und herrsche

Qualifikation auf Teufel komm raus

Unter den Ärzten galt es immer als ein besonderer Sport beim Aufeinandertreffen, sich mit Patientenzahlen und Quartalsbehandlungszahlen zu überbieten.

Nach der Begrüßung und dem" Hallo wie geht es?" kamen wir fast immer in der Konversation, auf unsere Fallzahlen im gerade laufenden Quartal zu sprechen.

Auf diese Art und Weise bekam man Anerkennung von Kollegen und konnte sie gleichzeitig arg beeindrucken.

Denn insgeheim konnte sich jeder sicher gut ausrechnen, weil der Durchschnittswert eines Krankenscheines allgemein bekannt war, was der andere Kollege in der Summe an Verdienst aufwies.

In dieser Zeit wurde von den Kassen und der kassenärztlichen Vereinigung propagiert, dass die Allgemeinmedizin einen Großteil der Basisversorgung primär abdecken sollte, bevor die Patienten den Weg zum Facharzt antraten.

Ich erinnere mich noch gut an einige Artikel in der Zeitschrift *„Der Hausarzt"*, in der ganz klar die Empfehlung ausgesprochen wurde: Setzen Sie auf Zusatzqualifikationen, damit Sie sich von den Kollegen unterscheiden. Der Patient muss ganz bewusst sich für Sie entscheiden, klare Vorteile sehen bei der Versorgung durch Ihre Person, denn sonst wechselt er vielleicht zu Ihrem Kollegen.

Dies führte nun dazu, dass ich meine Wochenenden wieder verplante und ebenso die sprechstundenfreie Zeit in der Woche, wie den Mittwochnachmittag.

Ein glücklicher Umstand war, dass in meinem Praxisumfeld eine hervorragende Ausbildungspraxis für Ultraschalluntersuchungen lag. So lernte ich von Grund auf, sicher und korrekt Ultraschalluntersuchungen des Bauches und der Schilddrüse durchzuführen.

Eine solche Ausbildung dauerte ca. zwei Jahren und endete mit einer Prüfung vor einem Gremium mit einer praktischen und theoretischen Prüfung.

Dies war neben der doch umfassenden Weiterbildung ein wichtiger Schritt für die Versorgung der Patienten. Schon recht bald merkte ich, wie wichtig, ja fast essenziell der Ultraschall in der allgemeinmedizinischen Sprechstunde ist.

Sehr oft kamen Patienten mit Oberbauchbeschwerden zu mir, die schon anderweitig wegen einer Magenschleimhautentzündung behandelt worden waren. Mittels Ultraschall konnte gleich festgestellt werden, dass es eben die Gallensteine waren, die im Oberbauch rechts zwickten.

Rückenbeschwerden, die sich orthopädischerseits als therapieresistent erwiesen, waren manchmal Nierensteine oder im schlimmsten Fall ein nicht entdeckter Nierentumor.

Auf dem gleichen Wege -einer weiteren zweijährigen Ausbildung-erwarb ich die Qualifikation, auch per Ultraschall die Gelenke zu untersuchen. Eine wunderbare Methode sportmedizinische Verletzungen ohne Strahlenbelastung, ohne Röntgen zu diagnostizieren, zumal es sich bei den sportmedizinischen Beschwerden fast zu 90 % um Muskeln - Weichteilbeschwerden handelt, ausgelöst durch Trauma oder durch die häufigeren Überlastungsschäden.

Als passionierter Läufer und Triathlet war es natürlich auch wichtig, eine sportmedizinische Ausbildung zu absolvieren, um auch die Zusatzbezeichnung Sportmedizin zu erhalten. Dies bedeutete wieder Kurse, Kurse und nochmals Kurse parallel zur Praxis und der doch knappen Freizeit.

Im Laufe der Jahre merkte ich natürlich, dass die so genannte Teilradiologie, nämlich das Röntgen der Gelenke, zu der ich die Zulassung besaß, in einer Einzelpraxis absolut nicht mehr erwünscht war.

Hierbei lernte ich die Strategie der Institutionen kennen, die zunächst darin bestand, die Leistung rein technisch und verwaltungsmäßig so zu verkomplizieren, dass es für die einzelne Praxis wirtschaftlich keinen Sinn mehr machte, auf lange Sicht Röntgenuntersuchungen durchzuführen.

Vom technischen Aufwand her bedeutete dies, dass ich jeden Morgen eine so genannte Entwicklerkontrolle mittels eines Teststreifens durchführen und täglich Konstanzprüfungen der Röntgenröhre durchführen musste. Außerdem war ich noch intensiven Kontrollen der Röntgenbilder bezüglich Bildqualität von einer ärztlichen Prüfungsstelle unterworfen.

Natürlich darf es nicht in Abrede gestellt werden, Röntgen-Bilder auf deren Qualität zu überprüfen. Nur bei diesen Qualitätskontrollen wird die technische Seite bis ins kleinste Detail überprüft, aber die Qualität der ärztlichen Leistung bleibt hierbei außen vor, weil nicht oder schwer beurteilbar.

In guter Erinnerung bleibt ein Patient, der sich mit seinen Röntgenbildern des Sprunggelenkes vorstellte und zwar mit starken Schmerzen, so dass er sein rechtes Bein nicht mehr belasten konnte.

Die Bilder waren von hervorragender Qualität und zeigten die ventrale und seitliche Aufnahme des Sprunggelenkes. Doch bei näherer Untersuchung in meiner Sprechstunde waren die eigentlichen Beschwerden im seitlichen Mittelfußbereich.

Bei unserer Röntgenaufnahme des Fußes fanden wir einen Mittelfußbruch, der so arg verschoben war, dass man sogar an eine operative Versorgung dachte. Die Qualität der ärztlichen Versorgung lässt sich schwer technisch messen. Die Qualität der ärztlichen Versorgung bedeutet die Summe der körperlichen und technischen Untersuchungen und deren richtige Deutung. So sind die herkömmlichen Qualitätskontrollen, die sich nur auf technische Daten beziehen, in ihrer Aussage doch recht eingeschränkt.

Aber es kam leider wie es kommen musste, vom einen auf den anderen Tag wurde mir die Teilzulassung für die Durchführung von Röntgenuntersuchungen entzogen.

Allerdings sorgte die Mitteilung über den Beschluss, die Zulassung für Teilradiologie aufzuheben, noch für ein wenig Heiterkeit bei mir. Die Begründung lautete folgendermaßen: Die Kommission kommt zu dem Schluss: Die Zulassung für die Röntgenuntersuchungen wird entzogen, damit sich die Qualität der radiologische Versorgung in der Niederlassungsregion verbessert. Ergo bedeutet ein Röntgengerät weniger eine bessere Versorgung der Patienten.

Kurz nachdem mir die Zulassung für das Röntgen entzogen worden war und ich die Röntgenanlage entsorgt hatte, kam ein Angehöriger zu mir in die Sprechstunde begleitet von seiner alten Mutter. Drei Jahre zuvor hatte sich die Mutter beim Sturz den Oberarm gebrochen. Bei uns geröntgt und mit

Verband versorgt und kam es zu einer Heilung ohne wesentliche Funktionseinschränkungen innerhalb von vier Wochen.

Im jetzigen Falle war die Patientin wieder einmal gestürzt und hatte einen dicken Knöchel. Aufgrund des Befundes und des Alters war natürlich eine Röntgen- Untersuchung erforderlich. Ich schickte die Patientin in die hiesige Ambulanz, in das Krankenhaus in unserem Einzugsgebiet.

Nach vier Tagen stellte sich die Patientin wieder vor mit einem Verband am Unterschenkel. "Stellen Sie sich mal vor, Herr Doktor, wir haben in der Ambulanz von 10:00 Uhr morgens bis abends um 18:00 Uhr gesessen, es wurde nur geröntgt und dann ein Verband angelegt. Gott sei Dank war natürlich nichts gebrochen."

Recht wehmütig sagte der Sohn: "Bei Ihnen, als Sie noch Röntgen durften, ging das ganz anders. Die Versorgung bei ihnen empfand ich optimal."

„Da muss ich Ihnen leider widersprechen" sagte ich ironisch und zeigte ihm den Beschluss der zuständigen Kommission, worauf er nur kopfschüttelnd das Zimmer verließ.

Natürlich war diese Art der Praxis, die wir zu diesem Zeitpunkt hatten, ein Idealzustand für die Versorgung der Patienten, qualifizierte Medizin aus einer Hand durch einen Therapeuten, der die Möglichkeit hatte, diagnostisch recht vieles in seiner Praxis abzuklären.

Die Kehrseite der Medaille war neben den extremen technischen Auflagen aber die Tatsache, dass die Wirtschaftlichkeit bei der damaligen Honorierung der einzelnen Untersuchungen keineswegs gegeben war.

Für die Röntgen-Untersuchung wurden damals 15 bis 30 DM nach der Gebührenordnung bezahlt, ein Honorar, das alles andere als kostendeckend war.

Ein befreundeter Urologe, der die Nieren und ableitenden Harnwege mittels Röntgen untersuchte, sagte damals zu mir: „Ich glaube, ich sollte mir statt Röntgen ein anderes Hobby suchen, vielleicht Rosen züchten?"

Hamsterrad oder Tretmühle

Aufgrund der intensiven Bemühungen sich weiter zu qualifizieren, hatte ich innerhalb meines Umfeldes und in meiner Gemeinde einen Ruf erreicht, dass in meiner Praxis eine besondere differenzierte Diagnostik angeboten wurde.

Dies führte natürlich dazu, dass die so genannten einfachen Fälle wie Schnupfen und Halsschmerzen immer weniger wurden und die komplizierten Fälle mit einer spezifischen Diagnostik und Fragestellung auch zunahmen.

In dieser Zeit war ich auch beseelt von der Tatsache und dem Ziel „Wachstum um jeden Preis". Ich weitete meine Praxis aus, so dass es bald zu Arbeitstagen kam, die zehn Stunden andauerten oder sogar zwölf Stunden umfassten.

Das Patientenaufkommen innerhalb der Sprechstundeneinheit, eine Sprechstundeneinheit morgens von 8:00 bis 12:00 Uhr/eine zweite Sprechstundeneinheit von 15:00 bis 18:00 Uhr vermehrte sich erheblich und führte zu einem permanenten Stress und einer Hetze innerhalb des Sprechstundentages. Genau in diese Zeit fielen zwei wesentliche Änderungen im Bereich der gesetzlichen Krankenkassen:

Die Chipkarte wurde eingeführt und der gute alte Krankenschein hatte ausgedient. Für die, die sich nicht mehr daran erinnern: Am Anfang eines Jahres bekam jeder Kassenversicherte ein so genanntes Krankenscheinheft zugeschickt. Dieses Krankenscheinheft enthielt 4– in Worten vier Scheine –, von denen je einer pro Quartal beim Hausarzt abgegeben wurde.

Dies bedeutete eine starke Bindung an einem besonderen Hausarzt. Wollte der Patient im Quartal einen anderen Hausarzt konsultieren, so musste der Patient zusätzlich einen Krankenschein bei der zuständigen Krankenkasse anfordern. Somit war eine Kontrolle gegeben, dass in einem Quartal die Patienten nicht unzählige Hausärzte aufsuchen.

Genau das trat aber ein, als von heute auf morgen der Krankenschein abgeschafft wurde .Die sogenannte freie Arztwahl führte zu der ungehemmten Inanspruchnahme des Medizinsystems.

Mit der verbindlichen Einführung der Chipkarte wurde zunächst jeder Arzt gezwungen, sich einen Praxiscomputer anzuschaffen, weil die Papierabrechnung nicht mehr akzeptiert wurde.

Eine weitere Änderung mit weitreichenden Folgen, die keiner zum Zeitpunkt der Einführung erkannte, war die Einführung einer Kodierung nach dem ICD 10 Katalog.

Dieser Katalog ist eine international vereinbarte Kodierung, mit der man jede einzelne Erkrankung und deren abgestufte Kategorisierung verschlüsseln kann.

Im Bundesland Hessen erlebte ich damals eine einmalige Situation, die ich, wenn ich mich rückbesinne, nie wieder erlebte, nämlich eine solidarische Aktion von Ärzten. Gegen die Einführung dieser Kodierung taten sich die Ärzte zusammen und verweigerten deren Umsetzung. Soweit ich mich recht erinnere, solidarisierten sich über 70 % der Ärzte und wiesen die Einführung der Kodierung zurück.

Mit der Hartnäckigkeit und Zielstrebigkeit der Bundes KV und der Kassen hatte niemand gerechnet, denn schon nach nur einem Jahr wurde die Kodierung verbindlich eingeführt.

Aus der akuten Bronchitis wurde plötzlich J 20.9 G und Zuckerkranke hatte plötzlich die Diagnose E10.9G.

Erst zu einer späteren Zeit wurde mir und uns allen als Ärzten klar, was dies für uns bedeutete. Mit der Verschlüsselung der Diagnose leistet der Arzt eine entscheidende Vorarbeit für die Kontrollmechanismen der kassenärztlichen Vereinigung und der Krankenkassen.

Schrieb man zum Beispiel auf einen Krankenschein als Diagnose: mittelschwere Depressionen mit Schlafstörungen und Konzentrationsstörungen so musste dies in der Kodierung F.32. 9G zusammengefasst werden.

Allein aus diesem Kürzel wollen und sollen die Prüfer in der Lage sein, die folgenden Informationen ab lesen zu können:

Art und Ausmaß der Erkrankung: Sind bei dem Diabetes mellitus, der Zuckererkrankung, auch noch Durchblutungsstörung der Beine oder etwa gar noch Nervenschädigungen der peripheren Nerven in den Beinen dabei.

Art und Ausmaß der Diagnostik: Sind bei dem Patienten auch Untersuchungen der arteriellen und venösen Durchblutung überhaupt gerechtfertigt.

Art und Ausmaß der Behandlung: Sind die Medikamente, die der Patient bekommt, auch wirtschaftlich, sprich kostengünstig.

Konnte dies früher nur ein Krankenkassenmitarbeiter oder KV Mitarbeiter mit entsprechendem medizinischen Background überprüfen, so übernahm das nun ein Computer. Gesucht wird per Computer nur nach dem entsprechenden Code. Wenn dieser fehlt, ist das zu beanstanden und oft Auslöser für Überprüfung auf jeglicher Ebene(Therapieform wie Medikamente oder Physiotherapie, Umfang der Diagnostik)

Wir kommen nochmal auf dieses Thema im Kapitel: Neues Umfeld neue Praxisräume und die Regresse zurück

Prüfungsstellen kosten Millionen und spielen letztendlich eher weniger ein. In Bayern hat die Prüfungsstelle im Jahr 2014 5,2 Millionen € verschlungen. Dem hohen Aufwand stehen jedoch deutlich geringere Summen gegenüber, die von Ärzten per Regress angefordert werden.

Medical Tribune 24.Juli 2015

Wie schon erwähnt, mit dem Wachstum der Praxis nahm auch das Patientenaufkommen erheblich zu, exzessiv gesteigert, so dass die Patienten nur noch durchgeschleust wurden. Dies widersprach erheblich meinen Vorstellungen, ambulante allgemeinmedizinische Medizin zu betreiben.

Dies führte zu einer wachsenden Unzufriedenheit bei mir .

Rummelplatzmedizin oder Psychodoc

Mit der Zunahme der Patientenzahl steigerte sich die Hektik und die Patienten mussten in einem immer kürzeren Zeitrahmen untersucht und therapiert werden.

Für längere Gespräche blieb wenig Zeit. Die Notwendigkeit ausführliche Gespräche mit längerer Zuwendung zum Patienten waren natürlich häufiger gegeben als angenommen.

In dieser Zeit merkte ich zum ersten Mal, dass sich zwei Basisbedingungen grundlegend änderten. Erstens: Das Verhalten der Patienten wurde in zunehmendem Maße fordernder und aggressiver. Zweitens: Das Praxisumfeld begann sich sukzessive zu verändern, alles wurde lauter, verschmutzter.

Vom Konzept her war das Haus, in dem ich die Praxis untergebracht hatte, als ein so genanntes Ärztehaus gedacht. Neben der Apotheke im Erdgeschoss war noch eine Massagepraxis im Souterrain untergebracht. Im ersten Stock auf meiner Ebene hatte ein Zahnarzt seine Praxis. Nur vorübergehend war im Erdgeschoss ein Gynäkologe tätig.

Das Intermezzo mit dem Gynäkologen dauerte nicht sehr lange. Für mich war es ein Rätsel, dass bei einem ausgeprägtem Facharztmangel wie in der Gynäkologie, die Praxis absolut nicht lief. Nach einem Jahr schied der Arzt schon wieder aus dem Mietvertrag aus und schloss die Praxis von heute auf morgen.

Der Apotheker war maßlos enttäuscht, da er geglaubt hatte, mit mehreren Ärzten im Hause mehr Umsatz zu machen.

Apotheken gab es in unserem Umfeld genügend und diese konnten eigentlich nur überleben, wenn sie einen besonderen Service boten.

Der ansässige Apotheker wehrte sich mit allen Mitteln gegen den Niedergang seiner Apotheke, doch der ließ sich leider nicht verhindern, so dass er aus den Räumen auszog und sie komplett schloss.

Apothekensterben: 2019 war Rekordjahr

Der Abwärtstrend beschleunigt sich weiter: noch nie ist die Zahl der Apotheken innerhalb eines Jahres so stark gesunken wie 2019. Dabei mussten 348 Betriebe geschlossen werden. Damit liegt die Apothekendichte in Deutschland bei 23 Apotheken pro 100.000 Einwohner und damit deutlich unter dem EU Schnitt – der liegt bei 31 Apotheken. Noch können sich die Patienten in Deutschland auf eine flächendeckende Arzneimittelversorgung verlassen, aber das wird bald vorbei sein wenn nichts passiert laut Apotheken Präsident Schmidt *(Quelle Apotheke ad hoc. 1/2020)*

Somit war das Konzept des Ärztehauses komplett gescheitert, da sich kein weiterer Kollege fand, eine fachärztliche Praxis in dem Haus zu eröffnen. Der neue Mieter installierte in Räumen der Apotheke eine Bäckerei, die dazu beitrug, dass die Schüler aus der gegenüberliegenden Schule, besonders in den Pausen, das Umfeld mit Lärm und Schmutz erfüllten.

Wie bei meinem Rückzug aus der Klinik, führten zwei Schlüsselerlebnisse dazu, dass ich mich besann und zu dem Entschluss kam, eine radikale Umorientierung vorzunehmen.

Deutlich sagte ich mir: So kann es nicht weitergehen, unter dem permanenten Zeitdruck zu arbeiten und unter dem Strich eine unbefriedigende Medizin zu machen. Ergo: Es musste etwas geändert werden.

Der erste Vorfall war folgender: Einem aufdringlichen fordernden Patient wurde nach einer Reihe von Vorfällen eröffnet, dass wir ihn nicht mehr weiter in unserer Praxis behandeln können. Danach schlug er unvermittelt auf eine Helferin ein.

Nur unter der Drohung, dass wir die Polizei verständigen, verließ er die Praxis. Als Krönung inszenierte er vor dem Haus einen Kreislaufzusammenbruch, so dass Passanten den Notarztwagen alarmierten.

Vorfall zwei: Wegen der Reihenfolge beim Brötchenkauf kamen zwei Schüler der gegenüberliegenden Berufsschule in Streit, und zwar so intensiv, dass der eine den anderen das Gesicht blutig schlug.

Nun kamen mit einem Male fünf Schüler mit in den Behandlungsraum und ließen sich nicht per Weisung aus dem Raum entfernen. Der Wortführer von ihnen wurde mir gegenüber beleidigend.

Auch in diesem Falle konnte ich nicht anders, als den Schüler sowie die Begleitpersonen aus der Praxis zu weisen. Beim Verlassen der Praxis riss der beleidigende Wortführer noch das Praxisschild an der Tür heraus und schlug die Tür zu.

Als ich daraufhin den Direktor der gegenüberliegenden Schule über von dem Vorfall informierte und ihn bat, die Personalien des mir bis dahin unbekannten Menschen zu nennen, sagte dieser, dass die betreffende Person ihm den Vorfall

vollkommen anders geschildert habe.
Zum anderen bestünde ja Datenschutz und deswegen dürfte er
mir den Namen auch nicht nennen.
Mittlerweile hatte die Helferin auch die Polizei verständigt.
Polizisten kamen, hörten und sahen sich alles an. Mit der
flapsigen Bemerkung, was denn mein Problem sei, dass Schild
könne man doch wieder anschrauben, verließen unsere
„Freunde und Helfer" die Praxis.

Ich konnte nicht glauben, dass Gesetzesverstöße wie
Hausfriedensbruch und Sachbeschädigung für die Polizei eine
Bagatelle sind. Als Aufgabe der Polizei sah ich immer deren
Unterstützung bei der Einhaltung von Gesetzen an. Auch
konnte ich nicht begreifen, dass ein Schulleiter sich vor einen
randalierenden Schüler stellt und sich weigert, dessen Namen
preiszugeben, mit dem formalen Rückzug auf den Datenschutz.
Es ist nicht verwunderlich, dass Menschen in unserem Umfeld
immer aggressiver werden, Gesetze nicht mehr einhalten, weil
kein Unrechtsbewusstsein existiert oder entwickelt werden
kann.

Schon sehr früh machten wir -und nicht zu selten- mit der
derzeitig beklagten Übergriffigkeit von verbaler und
körperlicher Aggression unangenehme Bekanntschaft.

**Ärzte bemerken in ihren Praxen eine zunehmende
Gewaltbereitschaft unter den Patienten seit einigen Jahren.
Die gesellschaftliche Enthemmung einerseits und das
grenzenlose Anspruchsdenken anderseits nehmen
bedrohliche Ausmaße an. Der Ärzte- Monitor fragte dieses
Phänomen ab. Die Ergebnisse: statistisch gesehen kommt es
täglich zu mindestens 75 Fällen von körperlicher Gewalt
gegen über niedergelassenen Ärzten und ihren Praxisteams.**

Jeder vierte Arzt ist während seiner Praxistätigkeit schon mal angegriffen oder physisch bedroht worden. 39 % der rund 8400 befragten Mediziner antworteten, dass sie in den letzten zwölf Monaten bei ihrer Praxisarbeit beschimpft beleidigt oder verbal bedroht wurden. *Ärzte Monitor/MT 26. Oktober 2018*

Folgerichtig kam ich zu dem Entschluss, noch nach solch langer Praxiszeit, eine Zusatzausbildung als Psychotherapeut zu beginnen. Diese Ausbildung kann man berufsbegleitend machen mit dem Nachteil, dass alle Freitagnachmittage und Wochenenden für die Weiterbildung reserviert sind, und dies für einen Zeitraum von wenigstens fünf Jahren, mit einer abschließenden staatlichen Prüfung.

Letztendlich hatte ich diesen Weg gewählt um meine Allgemeinpraxis schrittweise in eine Psychotherapiepraxis umzuformen; ein schwieriger Weg. Und ob dieser Weg richtig war, er funktionieren und auch schließlich gangbar sein würde, das wusste ich zu diesem Zeitpunkt auch nicht.

Nur eins wusste ich, es musste sich etwas ändern.

Praxiskonflikte

In meiner Zeit als niedergelassener Arzt erlebte ich viele Gesundheitsminister und deren jeweilige Gesundheitsreform. Hervorstechend dabei ist insbesondere Gesundheitsminister Horst Seehofer. Seehofer hat den Ärzten eine Reform eingebrockt, die der Ursprung für die Konflikte und Probleme in der ambulanten Versorgung für die nächsten Jahrzehnte bildete und heute noch bildet.

Von den irrigen Idee ausgehend, dass Krankenkassen untereinander in Konkurrenz treten sollten, schuf er ein neues Gesetz. Krankenkassen sollten mit unterschiedlichen Beiträgen- sprich erniedrigten Beiträgen- Patienten in ihre Versicherung locken. So kam es, wie es kommen musste, dass junge aktive und informierte Menschen sich in Kassen begaben, die bei Niedrigbeiträgen gleiche Leistungen versprachen.

Ältere und kranke Menschen scheuten natürlich den Wechsel ihrer Krankenkasse und blieben bei ihrer Versicherung. Das Resultat des Ganzen war, dass die großen RVO Kassen wie AOK letztendlich nur Menschen hatten, die alt und sehr krank waren und einen großen Behandlungsbedarf aufwiesen.

Als dies bemerkt wurde, war es schon zu spät. Denn die großen Kassen hatten ein erhebliches Defizit, so dass sie de facto pleite waren. Um das Desaster zu verhindern ,schuf man den RSA , den Risikostrukturausgleich. Krankenkassen erhalten, wenn sie nachweisen, dass die Patienten eine schwerwiegende chronische Erkrankung haben, einen finanziellen Ausgleich pro Patient.

Um dies zu forcieren, schrieben die Kassen Patienten mit Diagnosen wie Diabetes, KHK, Asthma, die sie über unsere Abrechnungsdiagnosen erfuhren, an und forderten sie auf ,bei ihrem Hausarzt eine Einschreibung in ein neugeschaffenes Programm(DMP) vorzunehmen.

Nüchtern betrachtet, brachte das für nur wenige Patienten einen Vorteil. Im Endeffekt hatten Patienten, die unter den chronischen Erkrankungen Diabetes mellitus, Hochdruck Herz-Kreislauf-Erkrankungen litten, regelmäßige ärztliche Kontrollen und waren und sind ohnehin in fortwährender ärztlichen Behandlung.

DMP: Desease Management Programme sind strukturierte Behandlungsprogramme für chronisch kranke Menschen basierend auf den Erkenntnissen der evidenzbasierten Medizin. Ein wesentlicher Erfolgsfaktor ist die Mitarbeit des Patienten nach Vereinbarung von individuellen Therapiezielen, seine Teilnahme an intensivierten Patienteninformationen und Beratung, zum-Beispiel-Schulungen und Präventionsangebote und seine Teilnahme an regelmäßigen Verlaufskontrollen.

Ganz selten wurde es erreicht, dass Patienten, die nicht in regelmäßiger ärztlicher Kontrolle waren, einmal pro Quartal oder jedes Halbjahr, sich zusätzlich bei dem Arzt zur Untersuchung vorstellen.

Um Ärzte aber zur Teilnahme an einem solchen Programm zu bewegen, wurde zunächst eine Pauschale angeboten, die anfangs relativ rasch auf das Konto überwiesen wurde. Es handelt sich hierbei um einen Betrag pro Patient von ca.20 Euro.

Nur das Problem des Ganzen war die so genannte Einschreibung mittels eines Formulars, das an eine zentrale Stelle geschickt wurde (DMP Datenstelle Hessen). Doch wie auf geheimnisvolle Weise verschwanden viele dieser Einschreibungen. Die Folge war die Wiederholung der Prozedur der Einschreibung mit Einbestellung des Patienten, erneutem Formularausfüllen, unterschreiben lassen und wieder wegschicken.

Dieses Beispiel allein zeigt, wie widersprüchlich die Aussagen der Institutionen wie Kassen und KV sind, die immer eine Reduktion der Bürokratie versprechen. Ganz im Gegenteil: Die papierlose Praxis produziert mehr Papier als je zuvor.

Jedes Quartal musste bei einer Untersuchung ein neues Formular ausgefüllt werden. Dies weiter an die Abrechnungsstelle geschickt werden. Irgendwann schaffte man das Formular zwar ab aber im Computer wird dieses Formular weiterhin detailliert ausgefüllt, gespeichert und ein Ausdruck dem Patienten überreicht.

Aufgrund kleiner formaler Probleme wurde immer die Honorierung dieser doch aufwändigen Leistung heraus- gezögert, so dass ich irgendwann genervt aus diesen Programmen ausschied. Patienten hatten dadurch keinen Nachteil. Sie wurden in gleichem Umfang und Qualität weiter behandelt und kontrolliert.

Dies führte aber dazu, dass die Patienten, die vorher in diesem Programm waren, Post von ihrer Krankenkasse bekamen und aufgefordert wurden, wenn der Hausarzt dieses Programm nicht weiter durchführt, sich doch gefälligst einen neuen Hausarzt zu suchen.

Ein nicht zu unterschätzender Versuch die Arzt-Patienten Beziehung seitens der Kassen zu steuern und zu beeinflussen.

Anhand dieser Darstellung so glaube ich, lässt sich ganz gut erkennen wie die Macht der Krankenkassen sich zunehmend verstärkte. Über die Mitteilung der codierten Diagnosen wurde analysiert. Therapie und Diagnostik werden geprüft und Versuche gestartet, immer mehr Einflussnahme zu erreichen.

Zudem entwickelte sich die Anmeldung in der Praxis zu einem Brennpunkt, in der zunehmend Konflikte zwischen den Angestellten/sprich der Praxis/sprich dem Arzt und dem Patienten ausgetragen wurden.

Eine der größten Veränderungen ergab sich bei Medikamenten und deren Verordnung. Für alle Präparate, die über zehn Jahre auf dem Markt waren, wurde das Patent frei. Mit anderen Worten gesagt: Das entwickelte Medikament, das eine Firma auf den Markt gebracht hatte, konnte und nachproduziert werden.

Von heute auf morgen war plötzlich eine Vielzahl von Medikamente auf den Markt erschienen, die exakt den gleichen Wirkstoff enthielten.

Diese Nachahmerpräparate(Generika) waren nicht selten mehr als die Hälfte günstiger als das Original und deshalb mussten diese vom Arzt verordnet werden.

Im Rahmen der Umstellung auf ein Ausweichpräparat traten Irritationen auf. Patienten waren verunsichert, oft verärgert, weil sie glaubten mit einem „billigen" Präparat schlechter medizinisch versorgt zu sein.

Diese ganze Konstellation wurde zunehmend schwieriger, weil nun psychologische Komponenten mit in das Arzt Patienten Verhältnis hineinspielten: der Placebo- wie auch der Nocebo Effekt.

Der Placebo Effekt wird so definiert:60 % der Wirkung eines jeden Medikamentes ist von der psychischen Einstellung des Patienten abhängig. Wenn der Patient daran glaubt, dieses Präparat hilft mir, so ist dessen Wirkung deutlich verstärkt und hilft besonders gut.

Der umgekehrte Effekt ist der Nocebo- Effekt , der die Patienten glauben lässt, dieses Medikament sei schlecht für ihn, schade ihm sogar und bringt mehr Nebenwirkungen als Hilfe. Der Nocebo-Effekt ist in den letzten Jahren aufgetaucht,entstanden durch mehrere Umstände. Die Patienten sind „kritischer" geworden, aufgrund von" Berichten und Informationen" über den Medizinbetrieb und über die Pharmaindustrie und auch ihrer Ärzte. Die Informationen, die sich Patienten im Internet holen sind nur bruchstückhaft und führen zur eigenen Verunsicherung . Es entsteht das "gefährliche Halbwissen "mit diffusen Ängsten und der Furcht sich zu schaden, wenn sie das spezifische Medikament einnehmen.

So wird es zunehmend schwieriger eine Compliance, eine Zuverlässigkeit in der Therapie, Therapietreue zwischen Arzt und Patient aufzubauen.

Wie Ergebnisse einer experimentellen Studie aus dem Universitätsklinikum Hamburg Eppendorf nahelegen, beeinflusst die Wortwahl im Beipackzettel von Schmerzmitteln sowohl das Kauf- als auch das Einnahmeverhalten der Patienten. Sprich: aus Angst vor

Nebenwirkungen wird auf den schmerzlindernden Effekt eines Medikaments von vornherein verzichtet. Drei Viertel der Teilnehmer ,die sich die echte Packungsbeilage zu Gemüte geführt hatten ,lehnten die Einnahme des Mittels strikt ab.(Literatur:*Im Focus Onkologie 21/2018)*

Konflikt 1: ARZT/ APOTHEKE

Rufen wir uns noch einmal, die Gesetzesvorgabe des Sozialgesetzbuchs in Erinnerung, dort heißt es:

Vertragsärzte sind zur Wirtschaftlichkeit verpflichtet, das heißt die verordneten Leistungen müssen **„ausreichend, zweckmäßig und wirtschaftlich sein und dürfen das Maß des Notwendigen nicht überschreiten".**

In den Anfangstagen der Generika war es an der Tagesordnung, dass Patienten zurück in die Praxis kamen und verlangten, der Apotheker möchte, dass wir ein „aut idem" Kreuz machen, damit sie die Originalpräparate bekommen.

So konnte der Apotheker das teure Originalpräparat heraus geben, ein Originalpräparat, das häufig mehr als doppelt so teuer als das Generikum war.

Wie in diesem Fall die Interessenlage war und noch ist, liegt natürlich auf der Hand.

Auf alle Fälle sind solche Verordnungen mit diesem Kreuz, das keine Austauschbarkeit zulässt, bei den Arzneimittelprüfungen ein gefundenes Fressen für die Prüfer. Hierbei gibt es keine wirkungsvolle Gegenargumentation und der Arzt ist gefangen in der „Wirtschaftlichkeitsfalle".

Mit anderen Worten, es droht der Einzelregress mit der Folge, dass der Arzt das Medikament aus der eigene Tasche bezahlen muss.

Das Tückische an dem System ist: Nur der Arzt wird bei Überschreitung irgendwelcher Durchschnittswerte von Verordnungen- seien es nun Medikamente, Massage oder Krankengymnastikbehandlungen - zur Kasse gebeten. Nur er trägt das „Wirtschaftlichkeitsrisiko".

Natürlich sind die Interessen des Arztes so gelagert, dass er seine Verordnungen im Durchschnitt hält, um diesen nicht oder kaum zu überschreiten.

Diametral entgegen gelagert sind die Interessen der Apotheker, die natürlich ein besonderes Interesse daran haben besonders teure, hochpreisige Präparate weiterzugeben, ein klares deutliches wirtschaftliches Interesse.

So haben Beratungen in einer Apotheke auch ab und an die Funktion, Öl ins Feuer zu gießen.

Selbst bei eindeutigen Verordnungen wie Vitamine und Aspirin auf Privatrezept, wird der" Rat" gegeben, sich nochmal bei den Hausarzt vorzustellen, um die Verordnung auf Kassenrezept umschreiben zu lassen.

Noch heute haben meine Helferinnen, die an der Anmeldung die Diskussionen Tag für Tag führen mussten, mein aufrichtiges Mitgefühl, mit welcher Geduld sie die Diskussionen mit Unbelehrbaren aushielten und über sich ergehen ließen.

Trotz alledem landeten Patienten mit einer besonderen querulatorischen Tendenz schließlich doch bei mir in der Sprechstunde, um ihre Forderung nochmal mit besonderer Vehemenz und Emphase vorzutragen.

Hierbei war es aber äußerst wichtig, dass in der Praxis eine einheitliche Linie herrschte und Arzt und Helferin mit einer Stimme sprachen.

Konflikt 2 Pflegedienste, Physiotherapeuten: Arzt/Arztpraxis

Im Laufe der drei Jahrzehnte, in denen ich die Praxis betrieb, habe ich eine ganz entscheidende Umstellung im Pflegeverhalten innerhalb von Familien erlebt.

Wo es früher Gang und gäbe war, die älteren kranken Familienmitglieder im Kreise der Familie rund um die Uhr mit unterschiedlicher Belastung der Familienangehörigen zu betreuen und zu pflegen, wurde dies mit Einführung der Pflegeversicherung deutlich verändert.

Ohne Frage ist es wichtig, die pflegenden Angehörigen zu entlasten, Aufgaben zu delegieren und an einen Pflegedienst zu übertragen.

Aber während man in früheren Jahren die Menschen mitversorgt und gepflegt hatte, versuchten nun die Angehörigen, sich ganz aus der Pflege zurückzuziehen und so dem Pflegedienst, alle Aufgaben zu überlassen.

Natürlich gehörte es bei der Pflegebedürftigkeit dazu, zunächst eine Beurteilung von medizinischen Dienst zu bekommen, um die Pflegestufe festzulegen. Dabei gibt es unterschiedlich abgestufte Pflegestufen, gestaffelt nach Pflegebedürftigkeit.

Außerhalb jeglicher Diskussion ist natürlich die Notwendigkeit der Schwer oder Schwerstpflegebedürftigen, deren Pflege von organisiertem und geschultem Pflegepersonal und Pflegediensten durchführen zu lassen.

Dennoch ist es manchmal schwer zu verstehen, dass ein Pflegedienst ins Haus kommen muss, nur um Tabletten für die

Patienten vorzubereiten oder zu verabreichen, ob wohl dies auch Angehörige wie Kinder oder der Ehepartner tun könnten.

Genauso verhält es sich mit dem Anziehen von Kompressionsstrümpfen, zu dem extra der Pflegedienst ins Haus kommen muss. Warum tun dies nicht die Angehörigen?

Ein Problem stellt in verstärktem Maße die Verabreichung der Medikamente dar. Nur nach schriftlicher ärztlicher Verordnung können Medikamente eingeordnet und verabreicht werden.

Hierfür wird ein Medikamentenplan erstellt. Bei der kleinsten Veränderung, etwa bei der Hinzunahme einer halben weiteren Tablette muss komplett aktualisiert, neu ausgedruckt und vom Arzt unterzeichnet werden.

Früher war es recht einfach: der Arzt änderte handschriftlich den Verordnungsplan, wenn er beispielsweise bei einem Hausbesuch eine verstärkte Schwellungen der Beine feststellte und die Dosierung der Diuretika erhöhte. Aktuell aber führte es zu einer bürokratischen Mehrbelastung für Arzt und Helferin: Medikamentenplan schreiben, Ausdrucken, Unterzeichnen, Weiterleiten.

Manchmal war es so extrem, dass bei schwer erkrankten Patienten fast täglich der Pflegedienst erschien und einen neuen aktualisierten Medikamentenplan forderte. Dabei handelt es sich hierbei nicht nur um wichtige Medikamente, sondern auch um Vitamine wie auch Abführmittel ; sogar diese benötigten eine ausführliche Dokumentation.

Der Hauptkonfliktpunkt mit den Pflegediensten war zudem noch die Grenzüberschreitung der Mitarbeiter. Sie legten nicht nur fest, wenn es nötig ist, den Arzt zu rufen, sondern wollten auch noch die Therapie maßgeblich mitbestimmen.

Der klassische Fall sind die Ödeme, Wassereinlagerungen bei älteren pflegebedürftigen Patienten. Bei der Immobilität der Patienten lagert sich nun mal häufig Wasser in den Beinen ein. Das Prinzip der Muskelpumpe wird durch Sitzen außer Kraft gesetzt. Erst wenn der Patient wieder läuft, die Muskeln bewegt, wird eine Schwellung abgebaut. Als Standardhandlung gilt, grundsätzlich nur die Beine mit Kompressionsbinden zu wickeln.

Die beauftragte Pflegerin aber, die die Beine wickeln soll, wird nun diagnostisch tätig .Für sie ist klar, die Ödeme kommen vom „Herz". Ergo muss die Patientin ihrer Meinung nach zum Kardiologen.

Dies wird den besorgten Angehörigen mitgeteilt und ohne mein Wissen ein Termin beim Herzspezialisten vereinbart.

Das Beispiel zeigt klar und deutlich, wie wenig der Allgemeinarzt in zunehmendem Maße respektiert wird. Der Hausarzt wird vom Pflegedienst, Physiotherapeuten, sogar von Patienten und Angehörigen auf Basisaufgaben reduziert, Überweisungen, Rezepte Verordnung nach deren Wunsch auszufüllen.

Solche Form der permanenten Instrumentalisierung führte bei mir zunehmend zu Kränkungen, die recht wehtaten.

Konflikt 3: Facharzt/Hausarzt

Im Lauf der Jahre, in denen ich in der Praxis tätig war, hat sich viel in der Beziehung, in der Kooperationsform zwischen Hausarzt und Facharzt geändert.

Im Rahmen der Kollegialität arbeiteten Facharzt und Hausarzt zur Zeit meiner Praxisgründung sowie in den Jahren danach relativ gut zusammen.

Doch bald bildeten sich immer mehr Fachdisziplinen aus. Einstmals gab es nur den Internisten doch dann entwickelten sich daraus Onkologen, Hämatologen, Gastroenterologen, Pulmologen, Kardiologen, Nephrologen und einige andere mehr.

Diese Spezialisierung bedeutete zwar für den Patienten eine bessere Versorgung, aber die Zusammenarbeit mit dem Hausarzt litt in den letzten Jahren unter einer zunehmenden mangelnden Kommunikation.

Briefe an den Hausarzt wurden immer seltener geschrieben, weil die Kollegen davon ausgehen, nun den primär überwiesenen Patienten dauerhaft weiter zu behandeln und im nächsten Quartal wieder zu bestellen. Also: Was braucht denn da der Hausarzt überhaupt einen Brief?

Alternativ gibt der Kollege einen Brief an den Patienten mit, der an den Patienten und nicht an den überweisenden Hausarzt adressiert ist. So mutiert der Arztbrief zum Patientenbrief. Und ich, der Hausarzt muss den Patient bitten, mir freundlicherweise den Brief zur Einsicht zu überlassen, den der Facharzt an den Patienten direkt geschickt oder ihm unmittelbar in die Hand gegeben hatte." Kann ich den wieder haben, den Brief den ich brauche ihn noch", war häufig die Forderung des Patienten.

Aber dann gab es häufig den Fall, dass der Patient gerade diesen Brief zu Hause vergessen hatte. Nun erwartete er von mir, dass ich die Behandlung ohne Brief, ohne Information der Voruntersuchungen, Vorbefund, die begonnene Therapie jetzt leicht und locker fortführen sollte.

In dieser Zeit kreierten wir den Begriff des" Facharztes für Spekulationsmedizin", den ich mir gut und gerne auf das Praxisschild noch hätte schreiben können.

Früh registrierte ich eine gern betrieben Vorliebe der Patienten, nämlich das Doktorhopping. Mit der Einführung der Chipkarte konnten Patienten von Arzt zu Arzt "hoppen".

Als besonders tragischer Fall ist mir immer eine kleine italienische Asthmatikerin in Erinnerung, die vor ihrer Italienreise in die Heimat sich noch in der Sprechstunde abhören ließ, weil der Husten und das Pfeifen über der Lunge sich wieder extrem verstärkt hatten.

In diesem Fall ging es gar nicht anders, ich musste ein Antibiotikum verordnen und riet ihr von der Reise ab.

Nach einer Woche erschien der Ehemann in der Praxis völlig aufgelöst und erzählte mir, dass seine Frau unterwegs, einen Kollaps mit einem Herzstillstand erlitten hatte. Natürlich war ich erschrocken und völlig konsterniert.

Durch intensives Nachfragen meinerseits stellte sich heraus, dass die Patientin, sowohl von einem Lungenfacharzt wie auch von einem Notarzt, den sie nochmals vor ihrer Abreise konsultierte, Asthmasprays verordnet bekommen hatte. Fatalerweise nur mit jeweils anderen Namen, aber dennoch enthielten sie die gleiche Substanz.

Obwohl nachträglich keine Klärung möglich ist, bleibt eine Annahme. Scheinbar hat die unkoordinierte Einnahme und Anwendung der Sprays zu einer tödlichen Überdosierung geführt.

Konflikt 4: Arzt -Patient

Im Laufe der Praxisjahre haben sich die Menschen, in ihrem Charakter, in ihrem Verhalten im sozialen Umgang miteinander deutlich verändert.

Als wir mit der Praxis begannen, waren die Patienten bis auf wenige Ausnahmen höflich, freundlich und im großen Ganzen auch dankbar.

Dies wandelte sich im Lauf der Jahre, in den letzten zehn Jahren besonders. Der Patient war nicht mehr der Leidende, sondern eher der Fordernde.

Häufig fragte ich mich, woher dies wohl kommen möge? Zufälligerweise erhielt ich einen Teil der Antwort damals doch recht schnell. An einem Mittag in der Mittagspause, fielen mir die Zeitschriften, die im Wartezimmer auslagen, in die Hände. Ich blätterte eine Zeitschrift nur kurz durch.

Da stieß ich auf eine Rubrik mit der Überschrift "Ihre Rechte als Patient ".Darin stand: Das können Sie von ihrem Arzt fordern, dieses steht Ihnen rechtlich zu. An weitere Details kann ich mich nicht mehr genau erinnern.

Eines wurde mir dadurch klar, dass Ansprüche so forciert werden und die Illusion vermittelt, Gesundheit sei unter Umständen sogar rechtlich einklagbar.

Weitere Inhalte solcher Zeitschriften waren natürlich auch die so genannten Gesundheitsreporte, die ebenso wie einige Fernsehsendungen neue Therapieformen vorstellen bei besonders schweren und schwierig therapierbaren

Erkrankungen wie Rheuma, Autoimmunerkrankungen und Krebs.

In der Regel handelte es sich um Therapieformen, die sich in einem frühen experimentellen Stadium befanden und nur von ganz speziellen Zentren wie Universitätskliniken durchgeführt wurden.

Vermittelt wurde allerdings, die Therapieformen seien schon weit verbreitet und zählten zum medizinischen Standard.

Gestatten Sie mir an dieser Stelle, einen Versuch zu starten unterschiedliche Patiententypen zu kategorisieren, die ein Konfliktpotenzial für die wichtige Arzt –Patienten Beziehung darstellen.

Erstens: der Aldi Patient

Stellen Sie sich vor, sie gehen einkaufen und können so viele Sachen in ihren Einkaufskorb tun, so viel sie wollen. Das Gute dabei ist, sie müssen nicht einmal bezahlen.

Sie kommen in die Praxis und lassen sich den Blutdruck messen, den Blutzucker bestimmen und dann wollen sie natürlich in die Sprechstunde zum Arzt. Sie haben auch ihr Impfbuch dabei. Jetzt sollte der Impfstatus mit überprüft werden. Da ist ja noch der Facharztbefund, wenn der schon da ist, dann kann man ja noch auch über diesen sich ausführlich unterhalten .Und wie ist es, ist nicht der Labortermin auch bald wieder fällig." Das ominöse große Blutbild.!"

Bei der Verabschiedung fällt ihnen noch ein: "Wie waren denn die Blutwerte von meinem Mann, kann ich die auch erfahren, wenn ich schon mal da bin".

Diese Art von Patiententypus ist ubiquitär verbreitet. Der Arzt muss ganz klar Grenzen ziehen und die Wünsche kanalisieren.

In unserer Praxis hatte sich ein running gag ausgebildet, der wie folgendermaßen ging:

Was ist der Unterschied zwischen einer Person aus Grimms Märchen und einem Kassenpatient?

Antwort: Im Märchen hat man nur drei Wünsche frei.

Zweitens: der Drehtürpatient:

In internationalen Statistiken wurde festgestellt, dass in Deutschland die Patienten am häufigsten in ganz Europa den Arzt aufsuchen und das sogar über 18 mal im Jahr.

Tatsächlich seien die Deutschen Weltmeister darin, zum Arzt zu gehen. So liegt die Zahl der Arztbesuche pro Kopf in der Statistik zwischen zehn und 18 pro Jahr – und damit immer über dem Durchschnitt anderer Länder. „In der Schweiz und in Belgien ist die Zahl viel geringer, dafür aber die durchschnittliche Gesprächsdauer länger," so führte der Göttinger Medizinsoziologe Ottomar Bahrs in einer Tagung aus *(Welt/Gesundheit 28.1.2019)*

Ein Grund für eine solche Häufigkeit der Kontakte ist natürlich der unkomplizierte freie schwellenlose Zugang zu den Ärzten in Deutschland. Die letzte Barriere in dieser Hinsicht war die Praxisgebühr, die man vor einigen Jahren abschaffte, weil einige Patienten angeblich aufgrund der Gebühr im Behandlungsfall den Arzt nicht aufsuchten.

Ein zweifelhaftes Argument, denn die Patienten, die ein niedrigeres Grundeinkommen hatten, konnten sich, nach dem ein Schwellenwert erreicht war, komplett sich von der Praxisgebühr und allen weiteren Zuzahlungen befreien lassen. Danach gingen sie von Arzt zu Arzt und hatten einen ähnlichen Status wie die Privatpatienten. Überweisungen, wofür? Hab doch meine Chipkarte!

Eine weitere Ursache ist zusätzlich die zunehmende Verunsicherung der Patienten durch das Internet. Aufgrund der Informationen, die die Patienten selbst nicht richtig einordnen können, entstehen immer wieder Ängste und die Furcht vielleicht doch schwerwiegender erkrankt zu sein und daraus erfolgt der dringliche Wunsch, neben dem Primärarzt (Hausarzt, Kinderarzt oder Frauenarzt) einen weiteren Kollegen aufsuchen zu müssen. (Stichwort Zweit/Dritt/ Viertmeinung)-

Ein anonymisierter Fall soll dies verdeutlichen. Ein Kind erkrankt mit hohem Fieber, an einem respiratorischen viralen Infekt und stellt sich am Freitagnachmittag in meiner Sprechstunde vor. Nach eingehender Untersuchung bespreche ich mit den Eltern, dass es sich nur um einen hoch fieberhaften Infekt handelt und dieser symptomatisch behandelt werden muss. Neben der Verordnung von fiebersenkenden Mitteln werden Maßnahmen wie Wadenwickel und Brustwickel mit den Eltern besprochen.

Da es dem Kind noch nicht gleich besser geht und es weiterhin mäßig fiebert, fassen die Eltern den Entschluss, am Freitagabend kurz vor Mitternacht nochmal den ärztlichen Notdienst aufzusuchen. Das Kind wird wieder untersucht und auf Drängen der Eltern hin verordnet der Kollege endlich -so die Eltern- ein Antibiotikum.

Da auch das Antibiotikum bis zum Samstagnachmittag noch keine wesentliche Besserung nach Ansicht der Eltern erzielt hatte, suchten sie nochmal die Kinderklinik auf.

Nach einer weiteren Untersuchung und einem weiteren Gespräch mit der diensthabenden Ärztin, das die Eltern beruhigen soll, ziehen sie sich nach Hause zurück.

Aber dennoch sind die Eltern mit dem Kind am Montag früh die ersten, die in der Sprechstunde sitzen und nun eine Einweisung zur stationären Behandlung des Kindes fordern, weil es immer noch Naselaufen, Husten und Fieber hat.

Dies sind keine Einzelfälle. Dies gilt auch für die so genannten Rückenpatienten, die es teilweise sogar schaffen, zwischen drei bis fünf Kontakten am Wochenende beim Notdienst und im Krankenhaus zu haben.

Neben der erhofften sofortigen Schmerzlinderung will der Patient häufig auch erreichen, schnell in die Röhre gesteckt zu werden, ein MRT der Lendenwirbelsäule- selbst bei einem einfachen Hexenschuss-schnellstmöglich zu bekommen, was leider auch ab und an gelingt

Die unangenehmsten Drehtürpatienten sind die Patienten die eine bestimmte Taktik verfolgen und den Arzt instrumentalisieren. Sie wollen möglichst häufig krankgeschrieben werden, und aufgrund der doch so schwerwiegenden eigenen Erkrankung soll bald die Rente oder Vorruhestand folgen. Auch wenn es schwer fiel, zweimal die AU verweigert und ein Problem löste sich schnell.

Zu dieser Art von Patienten fällt mir ein Spruch ein, der bei uns in der Praxis in Gebrauch war, nämlich die Frage beim Blick ins Wartezimmer: Ist er Patient oder wohnt er hier?

Drittens: die Rosinenpicker

In der Allgemeinmedizin strebt man ein stabiles dauerhaftes Arzt-Patienten-Verhältnis an. Dies bedeutet, dass der Patient regelmäßig zu Untersuchung und Behandlung zum Arzt kommt, Diagnostik und dieTherapie von ihm durchführen lässt.

Leider hat sich in der letzten Zeit insbesondere in den letzten zehn Jahren- wie schon erwähnt- das Praxis oder Doktorhopping etabliert. Viele Patienten kontaktieren in einem Quartal mehrere Hausärzte und verschweigen dies gegenüber dem aktuell behandelnden Arzt.

Wie schon an anderer Stelle ausgeführt, gab es in den Anfangsjahren in meiner Praxis den Trend in einer Hausarztpraxis möglichst viele Sonderleistungen den Patienten zu bieten. Auf diese Art musste er nicht bei jeder weiteren Untersuchung und Diagnostik zu einem anderen Arzt sprich Facharzt.

Aufgrund meiner Weiterbildung besaß ich die Qualifikation der Ultraschalluntersuchung der Schilddrüse und der Gelenke durchzuführen. Insbesondere wegen der Sportmedizin kamen viele Patienten zu mir in der Hoffnung, gewisse spezielle Untersuchungen, die über die gesetzlichen Kassen nicht abzurechnen waren, zu bekommen. Sie forderten von mir Privatleistungen und wollten dies ohne Liquidation bekommen. Schon bald wurde mir klar, sie waren da zum Rosinenpicken.

Kinder wurden vorgestellt, die eigentlich beim Kinderarzt in Behandlung waren, um ein Attest für den Sportverein zu bekommen. Natürlich waren die Eltern enttäuscht, als die

Helferin sie aufklärte, dass die Untersuchung wie auch das Attest nicht über die Kasse abgerechnet werden konnte, demzufolge eine private Leistungen war und leider zu bezahlen war.

Viertens: der undankbare Patient

Wenn ich mich mit Kollegen über Patienten und deren Verhalten unterhielt, teilten die meisten Kollegen die Erfahrung, dass Patienten, die eine besondere Betreuung und eine intensive Begleitung während ihrer Erkrankung erfahren hatten, sich leider häufig als undankbar erwiesen. Nach Genesung von schwerer Krankheit verließen nicht selten Patienten ihren engagierten Betreuer, den Hausarzt.

Dieses Verhalten war nicht selten, und es war nicht einsehbar und nachvollziehbar, was wohl der Grund für so etwas gewesen sein könnte.

In Erinnerung sind mir zwei Patienten, bei denen ich diese bittere Erfahrung gemacht hatte:

Ein Patient war ein Herzpatient, der mit akuten Herzbeschwerden in meine Praxis kam, und sich im kardiogenen Schock befand. Wir führten eine Notfallbehandlung durch, mit Kreislaufstabilisierung, Infusion, Monitoring und Übergabe an den Notarzt.

Kurze Zeit nach der Klinikentlassung, als es dem Patient wieder sehr gut ging, kam es zum Eklat. Nur weil er 15 Minuten auf die Ausstellung eines Folgerezeptes warten musste, verließ er schimpfend unsere Praxis und ward nicht mehr gesehen.

Die andere Patientin kam in einem miserablen Allgemeinzustand mit akuten abdominellen Beschwerden zu uns. Wir entdeckten bei der Erstuntersuchung im Ultraschall einen Tumor der linken Niere.

Gott sei Dank hatte der Tumor noch nicht gestreut .Mittels einer Operation wurde die Patientin komplett geheilt. Hier teilte mir ihre Tochter mit als sie ihre Unterlagen abholen ließ, dass der Weg für die Mutter zu unserer Praxis doch jetzt so weit sei. Danach sah ich die Patientin nur noch öfters beim Einkauf im gegenüberliegenden Einkaufszentrum.

Fünftens: der manipulative oder dirigistische Patient

Hierbei handelt es sich meist um jüngere aktive Menschen, Angestellte, Führungskräfte, Kleinunternehmer, die aber leider nur in einer normalen gesetzlichen Kasse sind, jedoch mit mehr Ansprüchen als jeder Privatpatient.

Diese Patienten arbeiten häufig intensiv an der Umformung oder Umkehrung des Arzt- Patienten- Verhältnisses.

Sie möchten immer den Termin, wie auch die ärztliche Leistung bestimmen sowie den Umfang der weiteren Diagnostik und Therapie von ihrer Seite aus festlegen.

Sie fordern immer wieder, die Verordnung von bestimmten Medikamenten, nicht selten Schmerzmittel oder Schlaf und Beruhigungsmittel, wie auch die allseits beliebten Massagen.

Leider nehmen es einige Patienten nicht so genau mit der Wahrheit, um nicht zu sagen :Häufig wird die Unwahrheit gesagt.

Nicht nur bei der Anamnese (Erhebung der Krankengeschichte) sondern auch bei der Mitteilung über die Medikation werden Dinge berichtet, die nicht der Realität entsprechen. Es wird z.b. behauptet, das Medikament regelmäßig eingenommen zu haben. Beim Nachrechnen mit der dokumentierten Rezeptverordnung stellten wir fest, dass dies nicht so stimmen kann.

Mindestens 60 % aller Patienten haben schon mal einen Arzt angelogen. Das kann schwerwiegende Folgen haben, wenn es sich um die richtige Einnahme von Medikamenten handelt. Ärzte sind von der Zahl nicht überrascht: Angst vor Verurteilungen oder Belehrungen, Scham und Ablehnung der ärztlichen Empfehlungen, das sind einer US Studie zufolge die häufigsten Gründe, warum Patienten beim Arzt die Unwahrheit sagen. In unserer social medial geprägten Zeit spielen Bewertungen eine große Rolle, jeder wolle sich positiv darstellen. Das sei insbesondere bei Menschen der Fall, von denen wir abhängig seien, ergänzt die Studie. Gründe für das gelegentliche Flunkern von Patienten wird darin gesehen: "Wird man nach einem schädlichen Verhalten gefragt, scheut man sich davor die Verantwortung für die eigene Krankheit

und das eigene Verhalten zu übernehmen. *JAMA Network Open /WELT 1.2019.*

Der Klassiker hierbei ist, dass gegen Ende einer Konsultation beim Arzt gefordert wird, ein Medikament für den Verwandten oder Ehepartner auf sein eigenes Rezept mit aufzuschreiben, weil man gerade die Chipkarte des anderen nicht dabei hätte.

Der dirigistische Patient verfolgt häufig die Strategie der „übergeordneten Instanz".

Mein Chef hat gesagt: Ich soll erst wiederkommen, wenn ich hundert Prozent gesund bin. Mein Nachbar hat gesagt: Ich brauche unbedingt dieses Medikament, denn bei ihm hätte es sofort geholfen.

Schüler benutzen häufig den Lehrer als „Sprachrohr "für eigene Meinungen und Absichten: z.b. er habe schon oft Beschwerden dieser Art gehabt und nun solle mal richtig nachgeschaut werden. Am besten soll ich ihn zur Abklärung in die Uniklinik schicken.

Alle diese Versuche bedeuten eine Umkehrung des Arzt-Patienten- Verhältnisses: Der Patient bestimmt wie lange der Arzt ihn krankschreiben soll, zu welchem Facharzt er geht, welche Therapie er bekommt und wann der Termin zu sein hat.

Eine Steigerung bedeutet es, wenn der Patient eine besondere Bescheinigung verlangt, deren Notwendigkeit und Inhalte er selbst formuliert, gemeinhin als Gefälligkeitsbescheinigung bekannt.

Empörung entsteht, wenn ich mir als der behandelnde Arzt herausnehme, die Formulierung auf meine Art und Weise zu wählen, die ich rechtlich vertreten kann und wie ich es für richtig halte.

Ein weiterer Grund für Diskussionen und Aufregung in diesem Zusammenhang stellt dann folgerichtig die Liquidation dar.

Bescheinigungen jeglicher Art für den Patienten sind private Leistungen, die keinesfalls über die Krankenkassen abgerechnet werden dürfen.

Zudem hat sich selbst in Zeiten der Telekommunikation eine Unsitte eingeschlichen, Aufträge für den Arzt von dritter Seite an den Arzt mündlich weiterzugeben.

An erster Stelle sind hierbei die Krankenkassen zu nennen, deren Mitarbeiter die Patienten aktivieren und motivieren beim Arzt vorzusprechen und die umstrittene Verordnung oder das fragliche Medikament zu fordern, mit dem typischen Nachsatz, wenn es ihr Arzt für notwendig hält, so kann er es, so soll er es auch aufschreiben.

Berater auf Ämtern geben häufig die mich ärgerlich machende mündliche Empfehlung an den Patienten: „Dann soll Sie Ihr Arzt doch weiter krankschreiben."

Obwohl es heute das Telefon, das Fax und alle Möglichkeiten der Kommunikation heute gibt, habe ich es bisher noch nicht erlebt, dass ein Rechtsanwalt mich telefonisch kontaktiert und um eine ärztliche Begutachtung des Patienten gebeten hat.

Mit dem Auftrag vom Arzt ein ausführliches Gutachten oder Attest zu fordern, wird der Patient in meine Sprechstunde geschickt, um dies mir vorzutragen.

Ein besonders eklatanter Fall: Ein Patient kommt postwendend mit seinem Attest zurück mit der mündlichen Mitteilung und der harschen Kritik :Das Gutachten sollte doch wesentlich ausführlicher sein. So würde es ihm keinesfalls ausreichen-so meinte der Oberlehrer in Gestalt des Rechtsanwalts.

Solche Verhaltensweisen von Patienten, von Krankenkassen, von Rechtsanwälten wie auch von Physiotherapeuten spiegelt noch einmal den Autoritätsverfall gegenüber der ärztlichen Berufsgruppe mehr als deutlich wider.

Der Arzt, der früher einmal eine angesehene Person war, die Respekt verdiente, wird komplett instrumentalisiert und nur noch zum Erfüllungsgehilfen der Kassen und ihren Institutionen aber leider auch der Patienten, ihrer Angehörigen und dem paramedizinischen Umfeld.

Sechstens: der Single Shot Patient

Wie schon vorher dargelegt ist es in Deutschland ein besonderes Spezifikum, den Hausarzt, den Primärarzt cirka siebzehnmal im Jahr aufsuchen.

Die Ursache ist der so genannte schwellenlose Zugang zum Primärarzt. Jeder Patient kann selbst an einem Tag, wenn er es zeitlich schafft, unterschiedlich viele Hausärzte nach seinem Gusto aufsuchen.

Der Facharzt hingegen hat für sich einen Weg geschaffen, sich vor der Flut von Patienten zu retten. Bei ihm hätten die Patienten genauso einen Drehtürmechanismus installiert, wäre der Facharzt nicht in das komplette Terminsystem geflüchtet.

Der aufgeklärte Patient weiß natürlich, zu welchem Facharzt er gehen muss, wenn er Rückenschmerzen hat, nämlich zum Orthopäden. Also wendet er sich direkt an einen Orthopäden, versucht einen Termin zu bekommen, natürlich ohne vorher den Hausarzt zu konsultieren.

Fast jeder zweite Patient, der zu mir in die Praxis kam und über Rückenschmerzen klagte, hatte schon vorab einen Termin beim Orthopäden oder den Versuch gestartet, einen zu bekommen. Da es ihm aber zu lange dauert, versucht es eben mal beim Hausarzt.

Auch Patienten mit ganz harmlosen Beschwerden, wie Brennen beim Wasserlassen, die auf einen Harnwegsinfekt hindeuten, berichteten mir ganz enttäuscht, dass der Urologe erst in einer Woche für ihn einen Termin hat. Jedoch mit einem einfachen Urintest kann schon in kürzester Zeit beim Hausarzt eine Diagnose gestellt werden und den Urologenbesuch entbehrlich machen.

In der Winterszeit kommt es bei Patienten mit Asthma bronchiale zu ausgeprägten Atembeschwerden bis hin zu starken Asthmaanfällen .Obwohl sie regelmäßig beim Lungenfacharzt in Behandlung sind, bekommen sie in der Akutphase kaum einen fachärztlichen Termin.

Das bedeutet, dass der Primärarzt als Sammelbecken für Akutfälle fungiert .Daraus erklären sich auch teilweise die häufigen Kontaktzahlen. Akute Fälle werden selten mit fachärztlicher Hilfe behandelt. Es sei denn der Arzt weist in eine Klinik ein und der Patient wird hospitalisiert.

Im Vorfeld der fachärztlichen Konsultation ist es aber charakteristisch für den so genannten Singleshot-Patienten, noch einmal beim Hausarzt kurz vorbeizuschauen, um mit einer einzigen Konsultation und Verordnung dessen Meinung zu hören: Mal sehen was er dazu sagt, und

„Morgen geh ich doch endlich zum Facharzt"

Mir geht es nicht allein so, denn bei meiner Recherche stieß ich auf einen interessanten Artikel, aus dem ich einige Zeilen zitieren.

Die Freiheit nehm ich mir/ Forum „ Der niedergelassene ARZT" 2/2019

"Herr Doktor, ich brauche mal ihre Meinung, ich war schon bei drei anderen Ärzten" heißt es auch oder "wenn ich schon mal da bin, dann könnten sie doch gleich "so kennt jeder Kassenarzt diese Sprüche. Nicht gerade wenige Patienten kommen in der irrigen Annahme, jeglichen medizinischen Service verlangen zu können, und dass die Kasse das alles zahlt. Offenbar fehlt vielen Menschen mittlerweile das Gefühl dafür, dass man auch als Patient Ressourcen im Gesundheitswesen verbraucht, dass man auch als Patient mit diesen Ressourcen schonend umgehen sollte, dass es eine gemeinsame Verantwortung für den Umgang mit dem Geld der Versichertengemeinschaft gibt. Ein Bewusstsein für den Menschen dafür wiederherzustellen, dass die einzuzahlenden Beiträge und in Anspruch zunehmenden Leistung in einem gesunden Verhältnis stehen müssen, ist eine wichtige politische Aufgabe. Letztendlich ist auch die Wartzeitendiskussion ein Ausdruck genau dieser Problematik. Auf der einen Seite wünscht sich jeder einen schnellen Facharzttermin, auf der anderen Seite werden die Termine nicht wahrgenommen. Wenn sich die Politik dieser Aufgabe weiterhin nicht stellt, werden auch die schönsten Gesetze, die massivsten Eingriffe in die Selbstverwaltung und die

unverschämtesten Attacken auf die Autonomie von Praxen am Ende der Politik nichts nützen. Denn Ressourcen sind und bleiben endlich.

Dennoch möchte ich nicht, dass bei dem geneigten Leser der Eindruck entsteht, der Doktor, der sich hier in der Darstellung seiner Patiententypen ergeht, habe nur problematische Patienten.

Würde ich eine Statistik erstellen, so sind ca. 80 bis 85 % meiner Patienten unproblematisch gewesen. Die restlichen 15 % sind genau, wie vorab skizzierten, getrieben von Diskussionen, Anspruchshaltungen und bestrebt, Konflikte in die Praxis zu tragen.

Für mich wurde es ein Problem oder gar Herausforderung, wenn per Zufall 2 solcher „Problempatienten" sich am Montagmorgen unter den ersten 10 Patienten vorstellten. Dann war die Stimmung in der Praxis für den ganzen Tag erheblich getrübt.

Ein Lächeln, ein Lob, eine aufmunternde Bemerkung konnte bei unserem Team Wunder wirken, eine Tafel Schokolade, ein Blumenstrauß die Motivation wieder heben.

Aber dies wurde immer seltener, weil auch immer weniger Patienten eine stabile emotionale Beziehung zum Arzt aufbauen konnten oder wollten. Die jüngeren Patienten sahen und sehen im Arzt-Patientenkontakt, in der Arzt-Patientenbeziehung, eine reine geschäftsmäßige Beziehung.

Der Arzt soll schnell heilen und bitte schön sofort. "Dafür zahl ich doch schließlich meine Krankenkass" wie die Hessen sagen.

In lebhafter Erinnerung bleibt mir immer noch eine liebe alte Dame, die von den Helferinnen meinen Geburtstag erfuhr und dann mir jedes Jahr regelmäßig eine Erdbeertorte vom Konditor schicken ließ. In der Adventszeit wartete sie immer vor der Praxishaustür mit einer großen Schachtel selbstgebackener Vanillekipferl .Einmal, nachdem ich mich herzlich dafür bedankt hatte, fragte ich sie ,warum sie dies für mich macht und warum sie in der Kälte auf mich wartete.

„Sie kommen auch bei jedem Wetter zu mir und helfen das ganze Jahr, das möchte ich dafür zurückgeben", war die kurze Antwort.

Für die Dame war ich nicht der „Halbgott in Weiß" ,sondern ein Helfer mit Fachkompetenz, die sie anerkannte und respektierte.

Leider Gottes hat sich aber das Bild des Arztes für die Mehrheit der Patienten grundlegend gewandelt: "

For ever not for better

Siebtens: der Bumerang-Patient.

In diesem Zusammenhang spiegelt sich erneut ein Spannungsfeld zwischen Hausarzt und Facharzt wieder. Nach Annahme der meisten Patienten kann nur der Facharzt mit mehr Wissen und Fachkompetenz jedes Problem" besser" lösen als ein gewöhnlicher Hausarzt.

Mit dieser Erwartungshaltung stellen sich die Patienten beim Facharzt vor. Nicht selten enttäuscht, nicht die entsprechende Untersuchung oder gar die gewünschte Therapie bekommen zu haben, kehren Patienten nach einer Facharztkonsultation wieder zum Hausarzt zurück.

70% der hausärztlichen Patienten haben Beschwerden mit ihrem Rücken. Allgemein bekannt als das Wirbelsäulen Syndrom, das sich der Mensch mit dem aufrechten Gang eingehandelt hat.

In der Erwartung von diesem Physiotherapie verordnet zu bekommen, macht sich der Patient auf den Weg zum Orthopäden. Groß ist die Erwartungshaltung, umfassende Hilfe beim Orthopäden zu bekommen, selbst bei den therapieresistenten Abnutzungserkrankungen der großen Gelenke wie Knie-und Hüftgelenken.

Durch den Sparkurs der Krankenkassen fürchtet der Orthopäde, mit jeder Verordnung in Regress genommen zu werden, d.h. die Therapie für den Patienten aus eigener Tasche letztendlich bezahlen zu müssen.

So sprechen in letzter Zeit Orthopäden fast ausschließlich Empfehlungen aus, dass der Patient sich bewegen und beispielsweise ein Fitnessstudio aufzusuchen soll, was ja auch sinnvoll ist. Aber die Massage, die KG, die Physiotherapie verordnet er nicht, zum Missfallen des Patienten. Die absurdeste Empfehlung dieser Art war in diesem Zusammenhang , einem Nichtschwimmer als Ausgleichssport das Rückenschwimmen anzuraten.

Wie schon an anderer Stelle zitiert, macht es nun der schwellenlose Zugang zum Hausarzt möglich, gleich am nächsten Tag wegen der nicht erreichten Verordnung bei diesem vorzusprechen, eben wie ein Bumerang.

Wenn der Patient, dann wieder in meiner Sprechstunde sitzt, schildert er häufig die Konsultation beim Facharzt mit gehöriger Empörung, wie kurz der Orthopäde ihn abgefertigt habe; voll in der Erwartung, dass ich in diesen Chor der Entrüstung mit einstimme.

Und nicht selten, sind die Patienten über die mangelnde Resonanz meinerseits bitter enttäuscht gewesen, insbesondere wenn ich die Empfehlung gebe, es doch dem Kollegen selbst mitzuteilen.

Achtens : der Bermudadreieckpatient.

Im Lauf der Jahre habe ich als Allgemeinarzt in der Praxis die Erfahrung gemacht, dass neben der Anamnese- also die Erhebung der Krankengeschichte-, die körperliche Untersuchung sowie die in der Primärmedizin vorhandenen Basisuntersuchungen zusätzlich das Labor, EKG insbesondere der Ultraschall des Bauches und der Schilddrüse für eine schnelle Diagnosestellung unerlässlich sind.

Nicht selten erlebte ich es in der kollegialen Vertretung, dass Patienten mit Magenbeschwerden ihre Magentabletten auf Rezept forderten „das Folgerezept". Bei genauer Untersuchung mittels Ultraschall kamen aber Gallensteine als Beschwerdeursache zusätzlich mit in Frage.

Mittels Ultraschalluntersuchungen des Bauches, ein Highlight der Allgemeinmedizin, fördert man sehr häufig viele wichtige Befunde zu Tage.

Selten sind es aber spektakuläre Fälle wie bei einem Vierzigjährigen, der vom Internisten zu mir in die Praxis kam, geplagt von dauernden Oberbauchbeschwerden. Eine Magenspiegelung war schon durchgeführt worden.

Beim Ultraschall des Bauches hatte der Patient leider schon Lebermetastasen, Tochtergeschwülste in der Leber. Ausgangspunkt war Dickdarmkrebs, der in der Klinik später als Primärtumor festgestellt wurde.

Auch bei urologischen Fällen leisten wir in der allgemeinmedizinischen Praxis eine recht solide Primärdiagnostik. Es werden Nierensteine, Nierenzysten, Tumore der Nieren und der Blase festgestellt und Patienten meist direkt in die Klinik eingewiesen oder zum Facharzt weitergeleitet.

In jedem Entlassungsbrief, sofern dieser mich überhaupt erreichte, wird und wurde ausschließlich die Weiterbehandlung beim Urologen empfohlen.

Da stellte sich mir die Frage: Kann denn ein Hausarzt nur diagnostizieren und nicht therapieren also weiterbehandeln?

Besonders knifflige Bermudadreieckpatienten sind Patienten, die operiert wurden, nach einem dreiviertel Jahr wieder in meiner Praxis erscheinen und berichten, dass z.B. in ihrem Knie oder ihrer Hüfte. ein neues Gelenke implantiert wurde.

Meist kommen sie in die Sprechstunde, haben leider keine Krankenhausberichte dabei, wollen von mir aber gleich erfahren, was sie denn jetzt machen sollen. Denn oft haben sie noch nach der Operation ausgeprägte Beschwerden. Nicht selten berichten sie sogar über eine Beschwerdezunahme im Vergleich zur Zeit vor der Operation.

Frage ich den Patienten nach Unterlagen, wird erschrocken geantwortet: „Oh, die habe ich zu Hause vergessen", oder ganz pauschal abwehrend:

„Unterlagen, ich hab doch keine Unterlagen für Sie?

Der Anfang vom Ende /EBM 2012

In den Jahrzehnten in denen ich die Praxis betrieb, gab es nur eine Konstante nämlich der konstante Wechsel.

Ich gewöhnte mich daran, alle zwei bis drei Jahre eine sogenannte Gesundheitsreform über mich ergehen zu lassen, die immer wieder schrittweise die Rahmenbedingungen verschlechterte.

Als ich die Praxis begann, war es natürlich Gang und gäbe, ein eigenes Labor zu betreiben.

Mit einem Male war durch eine Reform nicht mehr die Möglichkeit gegeben, in der eigenen Praxis ein Labor zu betreiben, dass wirtschaftlich war und die eigenen Kosten abdeckte. So wurden Laborgemeinschaften gegründet und das Labor aus der Praxis ausgelagert.

Die Honorare für das Labor wurden immer schmäler und mit der Laborreform 2012 wurde der Laborbonus eingeführt. Pro Patient bekommt der Arzt eine Punktzahl, die das Labor für den einzelnen Patienten abdecken soll. Dies ist gestaffelt in Altersgruppen. Die Gesamtpunktzahl setzt sich zusammen aus Punkte multipliziert mit der Patientenanzahl, und diese Grenze der Gesamtpunktzahl sollte der Arzt nicht überschreiten. Bei Überschreitung wird der Laborbonus dann für den Arzt gestrichen und er bekommt keinerlei oder weniger Honorar für seine Leistung.

Mit anderen Worten: Je weniger Labor ich veranlasse, umso eher kann ich einen Betrag für meine Labortätigkeit bekommen.

Der Wirtschaftlichkeit- Bonus stellt einen Anreiz dar: Bleiben die Kosten für veranlasste und eigen erbrachter Leistungen

(Abschnitt 32.232.3 EBM) innerhalb der Bewertungsgrenze können Ärzte zusätzliches Entgelt erhalten (*Quelle: Kassenärztliche Bundesvereinigung/Service/Laborreform Stand 27.6.2018*

Das Jahr 2012 stellt einen besonderen Wendepunkt in der ambulanten Versorgung dar. In diesem Jahr wurde der neue einheitliche Bewertungsmaßstab für die medizinischen Leistungen in der Praxis eingeführt.

Vorher gab es eine Pauschale von 45 bis 50 € pro Patient. In dieser Pauschale waren die Leistungen wie Verbandswechsel, Beratung, hausärztliche Betreuung untergebracht.

Diese Reform bedeutete meines Erachtens den Abschied von der Honorargerechtigkeit. Mit der Reform wurde erstmals ein deutlicher Unterschied in der Honorierung zwischen den Hausärzten und Fachärzten eingeführt. Die Fachärzte bekamen ab diesem Zeitpunkt höhere Betreuungs- und Grundpauschalen für die Behandlung eines Patienten pro Quartal als der Allgemeinarzt, der Hausarzt.

Diese Abstufung wird weiter deutlich verstärkt, in dem noch zwischen den Hausärzten in der Einzel und Gemeinschaftspraxis in der Honorierung unterschieden wird. Der einzelne Arzt bekommt bis heute noch eine deutlich niedrigere Grundpauschale als der Arzt in einer Gemeinschaftspraxis für die gleiche Leistung.

Bezogen auf das Grundgesetz, - keiner soll wegen seiner Religion, Hautfarbe, ethnischen Zugehörigkeiten diskriminiert werden- wird der Arzt in der Einzelpraxis und insbesondere der Hausarzt, der ein gemindertes Honorar bekommt, meines Erachtens ungleich behandelt , wenn nicht gar diskriminiert.

Kommen wir noch einmal zur Minderung der Grundpauschale.

Dies bedarf zum Verständnis einer weiteren Erläuterung:

Wie schon vorher erwähnt, betrug die Grundpauschale bis zur EBM Reform 2012 ca. 45Euro. Diese wurde herabgesetzt auf eine altersabhängige Grundpauschale von 12,85 €(19.-54.LJ) und 16,53(55-75.LJ) pro Patient.

Was bedeutete resp. bedeutet dies in praxi?

Wenn ein Patient mit Brustschmerzen mit Verdacht eines Herzinfarktes in der Praxis erscheint, ein EKG angefertigt wird, eine Infusion angelegt, er mittels Monitor und Pulsoxymetrie überwacht wird, lebenserhaltende intensive Notfallmedizin betrieben wird und dies ist mit einer hohen Zeitintensität verbunden, so können alle diese Leistungen nicht bei einem Kassenpatienten abgerechnet werden. Nach Argumentation der kassenärztlichen Vereinigung und der Krankenkassen ist dies in der Pauschale von 12,85/16,53 € je nach Alter des Patienten mit enthalten.

An dieser Stelle ist es geboten, einen Vergleich zwischen einem Kassenpatienten und einem Privatpatient anzustellen und **die Unterschiede bei gleicher Erkrankungskonstellation darzustellen.**

Zunächst der Hinweis:

Im Jahr 2019 waren in der Bundesrepublik rund 73 Millionen in der gesetzlichen Kranken – Versicherung versichert. Davon waren und 56,9 Millionen personenbeitragszahlende Mitglieder und 16,3 Millionen beitragsfreie Versicherte zum Beispiel Familienangehörige. Die privaten Krankenversicherungen zählten einen Bestand von 8,7 Millionen Vollversicherten. *Quellen:BMG 8/2019 PKV/2019*

Während ich einen Kassenpatienten intensivmedizinisch zum Nulltarif behandle, wie oben dargestellt, bekomme ich bei einem Privatpatienten das EKG, die Infusion und unter Umständen auch die Verweildauer als Einzelleistung bezahlt. Hierbei handelt sich um einen Gesamtbetrag zwischen 60 und 80 Euro, die die Privatkassen erstatten. Deutlich besser als beim Kassenhonorar, weitaus wirtschaftlicher für den Bestand einer Praxis.

Aus dieser Situation heraus gibt es natürlich die Verwerfungen in der Behandlung zwischen Kassenpatienten und Privatpatienten. Ist es wirtschaftlich, Nulltarifbehandlungen durchzuführen? Bei Privatpatienten bekomme ich als Behandler eine Vergütung, die als einigermaßen kostendeckend anzusehen ist.

So entsteht eben das Phänomen, dass Privatpatienten Kassenpatienten vorgezogen werden, natürlich nicht bei Notfallpatienten, um einer eventuellen Empörung an dieser Stelle vorzubeugen.

Einen gewaltigen wirtschaftlichen Druck spüren natürlich nicht nur die niedergelassenen Ärzte sondern auch die Krankenhäuser. Die Krankenhäuser, die früher bei Patienten nach Operationen eine deutlich längere Verweildauer des Patienten stationär hatten, sind tunlichst bestrebt die Patienten möglichst schnell nach den Operationen nach kürzester Zeit zu entlassen, damit ihre" Statistik" stimmt.

Mittlerweile spricht man schon von so genannten" blutigen Entlassungen". Patienten werden schon nach dem zweiten bis dritten Tag aus der stationären Behandlung nach Hause zu ihrem Hausarzt geschickt .Die Wundheilung ist bei leibe noch nicht abgeschlossen und die Operationswunden sezernieren teilweise noch blutig.

Für den Hausarzt heißt es dann, diesen Patienten in Abständen von ein bis zwei Tagen regelmäßig zu verbinden wie auch ambulant die Fäden zu ziehen. Bei Wundheilungsstörungen, den Sekundärheilungen zieht sich dies manchmal sogar über mehrere Wochen hin. Diese Verbandswechsel können natürlich nicht als Einzelleistung abgerechnet werden- sind in der oben beschriebenen Grundpauschale von 13-17 Euro mit enthalten!

Ein weiteres Problem stellen auch die Hausbesuche dar. Bei schlecht heilenden Wunden nach Operationen, bei Geschwüren am Bein oder am Becken bedarf es einer intensiven ärztlichen Nachbehandlung und ambulanten Betreuung.

Hierbei muss man allerdings wissen:

Die Anlegung eines Verbandes beim Hausbesuch durch einen Arzt wird nicht honoriert, ist auch in der ominösen Grundpauschale!! mit abgegolten.

Wird allerdings ein Pflegedienst beauftragt und es legt eine Pflegekraft diesen Verband an, so kann dieser Verband vom Pflegedienst als Einzelleistung abgerechnet werden.

Frage:

Wer hat die höhere Qualifikation? Ein Arzt mit chirurgischer Weiterbildung oder die Pflegekraft? Besonders ärgerlich wird es dann noch, wenn der Wundmanager eingeschaltet wird.

Ein Wundmanager stellte nun einen Verbandsplan auf mit den unterschiedlichsten Verbandsstoffen, die alles andere als günstig sind. Meine Aufgabe als Arzt wird darauf reduziert, soll nur noch darin bestehen, vorgefertigte Verbandspläne zu akzeptieren und teure Verbandsstoffe und Mittel zu verordnen. Ein Indiz für den schrittweisen Verlust ärztlicher Autonomie und Fachkompetenz bei weiter bestehender Verantwortlichkeit für die Therapie und die Kosten der Therapie im Sinne einer „angemessenen Wirtschaftlichkeit".

Als gelernter Chirurg und Unfallchirurg spielte ich dieses Spiel nur nach eigenen Regeln und Entscheidungen mit und zog mir den Unmut manches Pflegedienstes und Wundmanagers zu.

Das Berufsbild eines Wundmanagers: Pflegekräfte haben nach einem erfolgreichen Abschluss ihrer gesundheits- und krankenpflegerischen Grundbildung die Möglichkeit, sich zum Wundtherapeuten oder auch Wundmanager weiterzubilden. Damit ist dieser Spezialist im Bereich entzündeter und schwer heilender Wunden und ist berechtigt, das gesamte Spektrum moderner Wundheilung selbstständig anzuwenden; dabei kommt der engen Zusammenarbeit mit Ärzten und Pflegekräften entscheidende Bedeutung zu, da insbesondere großflächige oder chronische Wunden nur in enger Teamarbeit geheilt oder wenigstens gelindert werden können.

Im Pflegealltag planen und koordinieren die Manager ihre Aufgaben selbstständig(Bemerkung: Also ohne den verantwortlichen Arzt!!)Sie wählen die optimale(teurere) Behandlungsmethode nebst den entsprechenden Versorgungsprodukten. *Quelle Hyaluronwelt /7. September 2015*

An dieser Stelle erzähle ich gerne die Geschichte von einem Patienten, der ein „offenes Bein" hatte: eine offene Wunde relativ groß am Unterschenkel bei schlechter venöser Durchblutung, die am Anfang stark infiziert war und somit häufige Hausbesuche von meiner Person erforderte.

Nachdem die Akutphase überwunden war, war es natürlich an der Zeit, die Verbandswechsel dem Pflegedienst zu übertragen. Nach einigen Wochen kam leider es zu einer Verschlechterung, und ich übernahm wieder von meiner Seite aus die Versorgung der Wunden, ich verband selbst regelmäßig die Wunde.

Nach dieser intensiven Betreuung heilte Gott sei Dank das offene Bein recht schnell ab. Als ich bei der abschließenden Visite, dem Patienten mitteilte, das Bein sei endgültig verheilt, war er hocherfreut, begleitete mich zur Tür gab mir die Hand und sagte „Vergelt's Gott, Herr Doktor!."

Mit diesen knappen Worten hatte der ältere Herr die kassenärztliche Honorarsituation und meine damit verbundene Vergütung auf den Punkt gebracht.

Seit diesem Tage kursiert in unserer Praxis der Ausdruck der „Vergelts-Gott Medizin", erweitert um die „Vergelts-Gott Sprechstunde". An Tagen, an denen die Patienten zum wiederholten Male in unsere Praxis kamen, konnten nur noch Pseudoziffern eingetragen werden. Dies ist zum Beispiel die Ziffer 99990 mit der Vergütung von 0,00 €, unabhängig wie lange die Untersuchung und Beratung diesmal dauerte, also wertlose Platzhalteziffern.

Die Einführung des EBM 2012 brachte zusätzlich noch eine weitere unangenehme Besonderheit für die Hausärzte. Im neuen EBM gibt es nur noch wenige Zusatzleistungen, die der Arzt abrechnen kann. Ultraschalluntersuchungen und die Psychotherapie(große Psychotherapie) blieben davon unberührt, weil diese an eine gesonderte Qualifikationen gebunden waren.

Mit den neuen Untersuchungen in der Altersmedizin (Geriatrieziffern) und Behandlung von Krebspatienten im Endstadium konnte die Grundpauschale ergänzt werden.

Mit einem relativ jungen Patientenstamm waren wir in diesem Falle im Nachteil. Schwerste krebskranke Patienten im Endstadium gab es in meiner Praxis Gott sei Dank höchst selten.

Eine Besonderheit, die sich aber erst relativ spät bemerkbar machte, war die Tatsache, dass mit der Reform Pauschalen für die psychotherapeutische Basisbetreuung(kleine Psychotherapie) abgeschafft wurde.

An deren Stelle wurden zwei Psychotherapieziffern gesetzt, die eine Dokumentationspflicht erforderten. Jedoch Art und Umfang der Dokumentation wurden nicht genau definiert.

Ein Umstand, den ich nicht sofort registrierte, der sich aber mit einer Latenz unangenehm bemerkbar machte.

Verslumung des Praxisumfeldes.

Parallel zur Umstellung auf die neue Abrechnung änderte sich auch drastisch das Umfeld, in dem sich die Praxis schon fast über zwanzig Jahre befand.

Waren noch am Anfang in diesem Haus die Apotheke untergebracht und auf dem gleichen Flur im ersten Stock ein Zahnarzt, so zog nach geraumer Zeit der Frauenarzt aus dem Erdgeschoss aus.

Es war der Anfang vom Ende des Ärztehauses, von dem ich geträumt hatte. Schon nach einem weiteren Jahr stellte der Zahnarzt fest, dass seine Räume zu klein wurden .er kaufte sich eine eigene Immobilie zu Unterbringung seiner Praxis und baute sie zu einer Doppelpraxis aus.

Der besondere Knackpunkt war der Auszug der Apotheke, die sich im Erdgeschoss befand.

Im Umfeld hatte sich in einem Großmarkt eine neue Apotheke niedergelassen und die Konkurrenz war erdrückend gewesen, so dass der Apotheker letztendlich kapitulierte und seine Apotheke schloss.

Um uns herum waren in den 60er Jahren Wohnblocks entstanden, in denen kleinbürgerliche Familien wohnten, die eine feste Hausgemeinschaft bildeten und über Jahrzehnte relativ friedlich zusammenlebten.

Im Rahmen der Entwicklung einer bunten Gesellschaft entstand eine doch mehr oder weniger inhomogene

Hausgemeinschaft, die es mit den konventionellen Regeln der gegenseitigen Rücksichtnahme nicht mehr so genau nahm.

Mit dem Auszug der anderen Praxen und der Apotheke wurde unser "Ärztehaus" von dieser Entwicklung mit erfasst. Ehemaligen Praxen wurden zu Wohnraum umgewandelt, und Mieter zogen ein, die sich weigerten die Hausordnung zu machen, aber dafür als Gegenleistung sehr intensiv die Treppen verschmutzten. In Anbetracht geltender Hygieneregeln war es manchmal nötig zweimal am Tag die Treppe putzen zu lassen.

Als eine Steigerung konnten wir die vor unserer Praxistür deponierten Mülltüten werten.

Im Leben sollte jeder früher oder später Entscheidungen treffen, auch wenn unangenehme Situationen und Belastungen daraus folgen.

Ich stand damals vor der Entscheidung, mit knapp 64 Jahren mit der Praxis aufzuhören oder mir eine neue Praxis in einem anderen neutralen sauberen Umfeld zu suchen.

In den Praxisjahren war es keine Seltenheit dass Patienten zu mir kamen, die sich nichts Sehnlicheres wünschten, als in die Rente zu gehen. Und dies nicht erst mit 65 Jahren, sondern schon mit 62 oder gar 60 Jahren sich aus der Arbeitswelt zu verabschieden, die auch bereit waren,die so genannten Rentenabschläge zu akzeptieren. Das Zauberwort war und ist auch heute noch der Vorruhestand.

Und so seltsam es klingen mag, obwohl die Rahmenbedingungen sich zunehmend verschlechtert hatten, die Patientenstruktur und deren Charakter sich deutlich gewandelt hatte, all dies hatte es nicht vermocht, meine Liebe und meine Begeisterung zur Medizin so zu verändern oder gar abzutöten. Zu diesem Zeitpunkt konnte ich mir überhaupt nicht vorstellen, mich sang und klanglos und dann noch endgültig aus der Medizin zu verabschieden.

Meine Liebe zur Medizin, zu der Medizin, deren besonderes Wesen es ist, Diagnosen zu stellen, mit intensiver Therapie begleitend tätig zu sein, weckte immer noch Begeisterung in mir. Die gegenläufigen Erlebnisse wie Aggression, Aggravation und Instrumentalisierung durch Patienten, Krankenkassen und andere Institutionen konnte ich immer noch einigermaßen ertragen -vielleicht auch nur gut verdrängen?

Eigentlich hatte ich schon damals keine Lust mehr, Doc Holiday, der Arzt, zu sein, zu dem der Patient nur geht, um sich krankschreiben zu lassen.

Wieso oft in meinem Leben führte wieder mal der Zufall Regie. Eines Abends stieß ich auf eine Immobilienwebsite, in der Praxisräume in meinem Ort angeboten wurden in einer vorzüglichen Lage, zu einem erschwinglichen Mietpreis.

Neue Praxis neues Umfeld

Mir war klar und bewusst, dass ich mich schon in einem Alter befand, in dem, wie schon vorher ausgeführt, viele Leute überlegen, in Rente zu gehen. Ich aber entschloss mich, die Praxis zu verlegen und in neue Praxisräume zu ziehen.

Wenn eine Praxis aufgebaut wurde sozusagen aus dem Nichts von null Patienten bis zu einer großen, mittelgroßen gut laufenden allgemeinen Praxis, so möchte der Praxisgründer doch ganz gerne, dass seine Praxis, sein Lebenswerk weitergeführt wird, weiterlebt.

Bei einer klaren Analyse der Gegebenheiten gestand ich mir ein, dass in dem Umfeld, in dem ich bisher in den letzten Jahren praktiziert hatte, nicht attraktiv war für einen jungen Mediziner und dazu noch eine allgemeinmedizinische Hausarztpraxis in Form einer Einzelpraxis.

Der Umzug sollte bewirken, dass sich die Rahmenbedingungen durch den Umzug grundlegend zum Positiven verändern.

Eine Verbesserung der Parksituation, des Umfeldes, wie auch der Zugang, der einigermaßen behindertengerecht gestaltet werden musste, sollte erreicht werden.

All diese Punkte waren mit einem Male in den neuen Praxisräumen und von der Umgebung her erfüllt: Die Erreichbarkeit per Stadtbus, die Parkplätze auf einem großen gegenüberliegenden Parkplatz, sowie eigene Parkplätze, die angemietet wurden, wie auch die Sauberkeit im gesamten Haus, in einem Haus in dem nur Gewerbe untergebracht war.

Es wäre doch zu schön, wenn alles einfach, unkompliziert in unserem Fall gelaufen wäre.

Obzwar meine Praxisräume nur einen Kilometer von der alten Praxis entfernt waren, musste ich einen Verlegungsantrag bei meiner kassenärztlichen Vereinigung stellen. Über diesen Antrag konnte aber nur entschieden werden, wenn ich einen rechtsverbindlichen Mietvertrag mit vorwies.

Dies ist etwa so ähnlich, wenn Sie sich ein Auto kaufen und erst danach Ihre Führerscheinprüfung absolvieren. Im Oktober unterzeichnete ich einen Mietvertrag, und reichte den Verlegungsantrag ein. Im November wurde über meine Zulassung zum 1. Januar entschieden. Ein bisschen Thrill als Kassenarzt muss nun mal sein. Hätte die KV dem Verlegungsantrag nicht zugestimmt, wären Räume angemietet worden, ohne eine Kassenzulassung zu haben, ohne praktizieren zu können. Aber Gott sei Dank wurde mir in letzter Minute die Genehmigung erteilt, in den neuen Räumen meinen Praxisbetrieb aufzunehmen. Wie war ich doch erleichtert!

In der Vorbereitung auf den Praxisumzug bemerkte ich plötzlich eine ungewöhnlich angespannte Atmosphäre und Unruhe um mich herum in meinem Praxisbetrieb.

Zwei meiner Helferinnen entwickelten die unangenehme Eigenschaft, bei jeder Umpässlichkeit einen gelben Schein (Arbeitsunfähigkeit) für mehrere Tage von einem benachbarten Kollegen ausgefüllt, bei mir vorbei zu schicken.

Da halfen nicht die vom Praxismanagement empfohlenen Besprechungen. Im Gegenteil, die Situation spitzte sich zu. Zwei Helferinnen bildeten eine Koalition, einen Pakt gegen mich, den Praxisinhaber, aber zu einem äußerst ungünstigen Zeitpunkt.

Ein paar Tage vor dem Praxisumzug kam es zur Eskalation, zum Eklat, sogar zur Arbeitsverweigerung, so dass ich mich kurzfristig von zwei Mitarbeitern trennen musste.

Ungeachtet dessen war eine Aufbruchsstimmung, eine positive Perspektive für die Zukunft für die nächsten fünf Jahre gegeben. Nach dem Umzug wagte ich es, sogar zu träumen. Der Traum bestand darin, die Praxis weiterzuführen, sie so umzuformen, dass es für einen Nachfolger doch attraktiv werden sollte, hier unter den neuen Bedingungen einzusteigen und die Praxis zu übernehmen.

Eine weitere besonders positive Konstellation war auch in dem neuen Gebäude gegeben. Es handelte sich um ein reines Gewerbegebäude, in dem noch einige Räume frei und zur Vermietung ausgeschrieben waren.

Bedingungen waren hier ideal vorhanden für ein Ärztehaus oder gar medizinisches Versorgungszentrum. Ein schöner Traum, aber wer möchte nicht auch mal träumen?

Definition aus Wikipedia: MVZ oder medizinisches Versorgungszentrum: Ziel der Gesundheitsreform 2003 war, die Beiträge zur gesetzlichen Krankenversicherung und damit die Lohnnebenkosten dauerhaft zu senken. Seit 2004 können danach neben niedergelassenen Vertragsärzten in Einzelpraxen oder Praxisgemeinschaften auch medizinische Versorgungszentren (Im VZ) an der vertragsärztlichen kassenärztlichen Versorgung teilnehmen. Ähnlich wie in den Polikliniken der DDR können dort beliebig viele zugelassene Ärzte oder Psychotherapeuten im Angestelltenverhältnis arbeiten, was in den herkömmlichen Praxen nur eingeschränkt erlaubt ist. Medizinische Versorgungszentren können fachübergreifend Fachärzte unterschiedlicher

Richtungen und psychologische Psychotherapeuten beschäftigen. Die baulichen Gegebenheiten heutiger medizinische Versorgungszentren sind im Unterschied zu den Polikliniken der DDR nur selten klinikähnlich.

Nicht nur die Personalsituation, die sich als angespannt erwies, führte dazu, dass wir unser Praxiskonzept intensiv überdachten und auch beschlossen, endgültig Abschied von der Drehtürmedizin zu nehmen.

In unserer Praxis sollte eine Rückbesinnung stattfinden auf das originäre Arzt- Patienten- Verhältnis. Der Therapeut, der immer die gleiche Person, eine Konstante in der Arzt Patienten Beziehung ist ,soll und muss sich mehr Zeit nehmen, um eine Basis der stabilen Kommunikation aufzubauen und stabiles Vertrauen zu schaffen.

Aufgrund dieser Überlegungen fanden tiefgreifende Veränderungen in unserem Praxiskonzept statt. Der Zeitfaktor in der ambulanten Medizin ist von besonderer Bedeutung. Viele Patienten möchten auf keinen Fall lange warten, aber haben dennoch den Anspruch, dass sich der Arzt für ihre Anliegen besonders viel Zeit nimmt.

Zeit ist nicht beliebig vermehrbar, das ist die Grundregel.

Aus diesem profanen Satz leiteten wir ab, dass das Patientenaufkommen doch um einiges verringert werden müsste, um unseren Anspruch, den wir formuliert hatten, auch in die Realität umsetzen zu können.

Unser Schwerpunkt war die Stabilisierung der Arzt-Patientenbeziehung. Was nicht in unser Konzept passte, war die lockere, oberflächliche Arzt Patientenbeziehung, das Gehen von Arzt zu Arzt.

Anhand der Aufzeichnungen in unserem Computers hatten wir damals folgende Kriterien ausgearbeitet: wenn ein Patient länger als zwei Jahre einen Hausarzt nicht aufgesucht hatte, so konnte man in über 90 Prozent der Fälle davon ausgehen, dass der Arzt bei anderen Hausärzten oder Basismedizinern in Behandlung war.

Aufgrund dessen überlegten wir uns, ob es sinnvoll ist, einen neuen Behandlungsvertrag abzuschließen, eine Neuaufnahme der Behandlung zu beginnen.

Rein juristisch gesehen ist jede Kontaktaufnahme mit einem Arzt eine neu geschlossener Behandlungsvertrag, der- und das ist das Besondere- von beiden Seiten nicht zwingend neu geschlossen werden muss.

Davon auszunehmen sind natürlich Notfälle, die unbedingt behandelt werden müssen.

Patienten die lange Zeit nicht bei uns in Behandlung waren, z.b. über zwei Jahre eine Dauermedikation für Herz, Kreislauf, Bluthochdruck, Zucker und anderen Stoffwechselerkrankungen verordnet bekamen, waren mit Sicherheit bei einem anderen Arzt in Behandlung. Bei diesen Patienten überlegten wir, wie sinnvoll es wäre die Behandlung neu aufzunehmen, zumal keine gefestigte Arzt Patienten Beziehung aktuell bestand.

Mit der Realität konfrontiert-direkt nachgefragt-bei welchem Hausarzt der Patient wohl in der Zwischenzeit war- kamen oft die skurrilsten Ausflüchte und auch viele Unwahrheiten zu Tage.

Obwohl wir nur ganze drei Wochen im gesamten Jahr Urlaub hatten, waren die Medikamente immer aufgebraucht, genau wenn wir mal nicht da waren und so mussten die Patienten eben mehrere Quartale hintereinander zum vertretenden Arzt gehen??

Tatsache jedoch ist: Ein Vielzahl der Patienten ist auf der permanenten Suche nach einer Praxis, die komplett ihre Wünsche und Anliegen ohne Rückfrage oder Diskussion erfüllt.

Wenn Ärzte medizinisch nicht gerechtfertigte Wünsche und Forderungen ihrer Patienten ablehnen, bleibt dies mitunter nicht ohne Folgen: Die Enttäuschten sind mit der Behandlung unzufrieden und kommunizieren dies auch per Mundpropaganda. So sank die Zufriedenheit deutlich, wenn die Ärzte nicht das gewünschte Medikament verschrieben hatten, keinen Überweisungsschein ausgestellt oder einen geforderten Labortest verweigert hatten. *Quelle: Jerant/A JAMA Inter.Med.2018*

Wird nicht ad hoc der Wunsch erfüllt, so wandeln sich sehr schnell umgängliche Patienten in schreiende und aggressive Personen. Im Extremfall führte es sogar dazu, dass wir die Polizei zu Hilfe rufen mussten, insbesondere wenn vom juristischen Tatbestand her Beleidigungen ausgesprochen wurden und Hausfriedensbruchs begangen worden war.

Als unmittelbare Folge solcher Probleme lernten wir eine neue Variante des Arzt-Patientenkonfliktes kennen, nämlich die Ausweitung ‚die Verlagerung in das Internet.

In unserer digitalisierten Welt wurden Arztportale geschaffen, die primär dazu dienen sollen, einen geeigneten Arzt oder Facharzt zur Behandlung zu finden. Diese Plattformen nennen sich Jameda, Sanego, Arzt Auskunft.de. usw.

In Ordnung ist dies, wenn die Portale zu ihrem ursprünglichen Zweck verwendet werden. Aber leider Gottes werden diese Plattformen nicht allzu selten genutzt, Ärzte negativ zu beurteilen, wenn das erwünschte Ziel, die erwünschte Verordnung, die geforderte Überweisung, das Wunschrezept nicht ausgestellt wurde.

Bei sehr vielen der negativen Beurteilung geht es häufig nur darum, den Arzt schlecht darzustellen, ihn in einem negativen Licht zu zeigen und ihn zu diskreditieren.

Auch wir erlebten einige Male, dass Patientinnen oder Patienten glaubten, sich an dem Arzt rächen zu müssen. Dabei wurden nicht selten Vorwürfe gegen unsere Praxis erhoben, die diffamierend waren.

„Hat kein Interesse" „Denkt nur an Feierabend", „Helferinnen inkompetent und patzig", solche Kommentare waren zu lesen ohne dabei eigentliche Fehler, Fehlverhalten oder gar wichtige nachvollziehbare Probleme zu benennen.

Dabei gaben Patienten Beurteilungen ab, wie Kinderfreundlichkeit Note 6, Parksituation Note 6, obwohl der Patient nicht mit einem Kind die Praxis aufgesucht hatte, obwohl die Parksituation nicht besser hätte sein können bei fast über 1000 Parkplätzen in einem Umfeld von 100-150 m Entfernung.

Dass solche Plattformen die Beurteilungen nicht oder nur oberflächlich überprüfen, lässt sich an der Beurteilung einer uns bekannten Kinder und Jugendtherapeutin auf der Jameda Plattform nachvollziehen. Bis heute noch steht auf ihrer Jameda Plattform, obwohl sie als Kinder und Jugendpsychotherapeutin nur Patienten bis zum 18. Lebensjahr behandeln darf, eine Beurteilung eines 43 jährigen

Mannes, der mit ihrer Therapieleistung komplett unzufrieden war.

Arztbewertungen: wie seriös sind Portale? Wer im Internet nach einem Arzt sucht stößt schnell auf Bewertungsportale: Jameda , DOK Insider oder Sanego. Dort werden Ärzte mit Schulnoten oder Kommentare bewertet. Doch die Bundesärztekammer rät zur Vorsicht: oft handle es sich um verfälschte, emotionalisierte Bewertungen. In der Regel werde nicht überprüft ob die Bewertenden jemals in der Praxis des Arztes waren. *Quelle: N D R/Ratgeber/Verbraucher /Arztbewertungen (19. Oktober 2019)*

Trotz der häufigen Konflikte ließen wir uns nicht von unserem Vorhaben abbringen, eine Reduktion der Patientenzahl auf diesem Wege zu erreichen. Das Ziel war klar vorgegeben, weniger Patienten ‚aber mehr Zeit für den Einzelnen zu haben und die Qualität der Medizin, die sprechende Medizin in den Vordergrund zu stellen und entschieden zu fördern.

Ein steiniger Weg, aber dennoch beschreitbar.

Big Bang oder auch Regress genannt

Kurz nach dem wir umgezogen waren, im Frühjahr 2015 flatterte ein Einschreibebrief der kassenärztlichen Vereinigung in unsere Praxis.

Dieser Einschreibebrief wies die Besonderheit auf, dass nicht die kassenärztliche Vereinigung sondern eine "Ärztliche Prüfungsstelle für Ärzte" der Absender war. Mir war diese Institution, diese Stelle, bisher gänzlich unbekannt .Ich konnte sie zu diesem Zeitpunkt, nicht genau einordnen.

Nach telefonischer Nachfrage und Recherche wurde mir dann folgendes erklärt und mir die Konstellation bewusst gemacht.

Stellen Sie sich vor, sie schließen einen Mietvertrag mit einem Hausbesitzer, der Ihnen eine Wohnung vermietet. Bei einem Rechtsstreit mit Ihrem Hausbesitzer erklärt Ihnen dieser plötzlich, er sei nicht mehr die Person mit der Sie irgendwelche juristischen Konflikte austragen müssen ,sondern ein neu geschaffene juristische Person beispielsweise ein anderer Wohnungskonzern sei nun die juristische Gegenpartei.

Genauso ist die Situation in der jetzigen Konstellation zwischen niedergelassenem Arzt und der kassenärztlichen Vereinigung.

Wie schon an ausgeführt soll die Medizin, die der Kassenarzt betreibt: wirtschaftlich ausreichend, notwendig und zweckmäßig sein. (WANZ: die Definition des Leistungskataloges der Krankenkassen)

Stellen Sie sich vor: Freuen Sie sich, wenn ihre Kinder mit der Note ausreichend aus der Schule kommen? Wollen Sie nicht eine gute oder sehr gute Note?

Damit die medizinische Versorgung ausreichend und insbesondere wirtschaftlich (kostengünstig oder billig?) ist, müssen? aber die Krankenkassen Prüfungen unterschiedlichster Art durchführen.

Hinweis : Im Anhang KV Richtlinien : Wirtschaftlichkeitsgebot und Rechtsgrundlagen/Wirtschaftlichkeitsprüfungen

Diesen Auftrag hatten primär die kassenärztlichen Vereinigungen übernommen.

Aufgrund der unterschiedlichsten Gesundheitsreformen und des daraufhin entstandenen großen „Prüfungsbedarfes " wurden die Prüfungsinstitutionen ausgeweitet und eine neue eigene Prüfungsstelle, „die Prüfungsstelle für Ärzte", geschaffen.

Natürlich sind solche Prüfstellen sicher kostenneutral und werden nicht irgendwelche Budgets belasten. Ironie aus!

Nach der Einführung des neuen Einheitlichen Bewertungsmaßstabs (EBM 2012) hatte ich ja schon auf eine Umwandlung meiner Praxis hingearbeitet. Als großes Ziel schwebte mir immer noch vor, eine allgemeinmedizinische Praxis in eine psychotherapeutische Hausarztpraxis umzuwandeln.

Mir war aufgrund meiner Weiterbildung, die ich über fünf Jahre berufsbegleitend absolviert hatte, bewusst geworden, dass die Versorgung im psychotherapeutischen Sektor sehr im argen lag und viele Patienten häufig über einen längeren

Zeitraum, gar Monate auf einen Therapieplatz warten mussten.

Folgerichtig wurde folgendes Konzept für meine Praxis erarbeitet:

Intensiv überprüfte ich bei meinen Patienten, deren Beschwerden, die Erkrankung und die Symptome daraufhin, ob nicht hinter den Rückenschmerzen oder dem dauernden Bauchbeschwerden, den verkrampften Muskeln der Halswirbelsäule oder der Lendenwirbelsäule nicht doch ein psychischer Konflikt steckte, der sich in einer Somatisierung d.h. in einer Symptombildung im Körper niederschlug.

EBM 35100: Differential diagnostische Klärung psychosomatischer Krankheitszustände. Dauer mindestens 15 Minuten; Dokumentation erforderlich.

Regelmäßig führte ich ganz intensiv diese Untersuchungen durch, um insbesondere Patienten heraus zu filtrieren, die für die umfangreiche Gesprächstherapie, der großen Psychotherapie bei mir oder anderen Kollegen infrage kamen.

Bei einem solchen Konzept der Praxis ist es natürlich dann nicht verwunderlich, dass bei unterschiedlichen Leistungsschwerpunkten deutlich mehr, überproportional mehr Gesprächsleistungen in unserer Praxis erbracht und abgerechnet wurden.

So wurde die Praxis mit erhöhten Durchschnittswerten für die Prüfungsstelle auffällig. In dem oben zitierten Bescheid(Datum 2015),wurde mir in diesem Einschreibebrief mitgeteilt, dass rückwirkend die Jahre 2012-2014 geprüft werden, weil ich eine deutliche Überschreitung des Durchschnittswertes gegenüber der anderen allgemeinmedizinischen Praxen aufweisen würde.

Ja, Sie haben richtig gelesen: Vier Jahre rückwirkend wird, nachgeforscht und nachgefragt, nachermittelt wie die Abrechnung vier Jahre zuvor zustande kam.

Einerseits wurde und wird noch bis heute darüber geschrieben, dass die psychotherapeutische Basisversorgung in unserem Lande nicht ausreichend ist, Patienten lange auf Terminen beim Psychotherapeuten warten müssen.

Zwischen Entstehung einer Erkrankung, eines Konfliktes und der Aufnahme in eine Kurz oder Langzeittherapie beim Psychotherapeuten entstehen lange Phasen der Therapielosigkeit.

Andererseits wende ich vororientierende Gesprächstherapie mit akuter gleich einsetzender Behandlung beim Patienten konsequent an, falle ich natürlich aus dem durchschnittlichen Versorgungsrahmen heraus, werde statistisch auffällig und gerate in eine Prüfungssituation, in eine Rechtfertigungspflicht, warum denn in meiner Praxis so viele psychotherapeutische Leistungen erbracht werden.

Dass es eine medizinische Unterversorgung in der Psychotherapie, in der alltäglichen Basisversorgung der Patienten gibt, lässt sich durch den Umstand belegen, dass vereinzelt Krankenkassen sogar propagieren, Heilpraktiker, die keinerlei Ausbildung haben in einer Basispsychotherapie, ohne wesentlichen medizinischen und therapeutischen Hintergrund, psychotherapeutisch tätig werden zu lassen; d.h. unausgebildete Leute dürfen Psychotherapie durchführen.

Artikel aus der Zeitschrift "Der Hausarzt" 06/2016: **Aktuell läuft eine Petition, die den Deutschen -Bundestag auffordert, die gesetzlichen Rahmenbedingungen dafür zu schaffen, dass die gesetzlichen Krankenkassen auch von Heilpraktikern** erbrachte psychotherapeutische Leistungen übernehmen. Schon jetzt würden sich viele Patienten an Heilpraktiker wenden, um zeitnah behandelt zu werden. Besonders ärgerlich ist, dass die kassenärztlichen Vereinigungen sich momentan aktiv an einer solchen Notstandsschaffung beteiligen. Die Gremien kürzen die Anforderungen für die Nummern 35110 und 35100 wie noch nie. Dabei wird mit geradezu Menschen verachtenden Argumenten gearbeitet. In Hessen zum Beispiel wird die Kürzung des Honorars für solche Leistungen damit begründet, dass die betreffenden Patienten bereits in einem fortgeschrittenen Alter wären. Offensichtlich gehen die Bürokraten in den Gremien davon aus, dass ein Patient ab einem bestimmten Alter keine Psychotherapie mehr braucht.

Den ausgebildeten und fachlich kompetenten Therapeuten wie uns wird das Leben schwer gemacht und versucht, deren Tätigkeit durch wirtschaftliche Prüfungen zu bremsen und zu drosseln.

Um noch einmal zusammenzufassen zum besseren Verständnis für Leser, die bisher noch keinen Kontakt mit den Abrechnungsmodalitäten und Gesetzen der Kassen hatten:

In der ambulanten Medizin gibt es zwei Formen der psychotherapeutischen Behandlung:

Zunächst gibt es die so genannte kleine Psychotherapie, in der ich akut intervenieren kann und dem Patienten in zweierlei Schritten helfe. Ich führe ein Basisgespräch, in dem ich unterscheide zwischen den körperlichen und psychischen Problemen .Als ärztlicher Psychotherapeut schaue ich, ob jetzt die körperlichen Erkrankungen und Symptome psychisch komplett oder teilweise mit bedingt sind. Hierbei stecke ich den Rahmen für die Weiterbehandlung ab. Ein solcher Kurzkontakt mit dem Patienten muss mindestens 15 Minuten dauern und bedarf der Dokumentation.

Der zweite Schritt ist die Intervention. Ich bespreche die grundlegenden psychischen Problemen mit dem Patienten und versuche, ihm schrittweise in Gesprächen zu vermitteln, dass die Rückenschmerzen auch von seiner innerlichen Verkrampfung kommen können und unter Umständen von einer konfliktreichen Beziehung im Rahmen seines familiären Umfeldes ausgelöst wurden.

Ist eine Praxis sehr engagiert auf der psychotherapeutischen Ebene, so kann es kommen, dass die eigenen Durchschnittswerte gegenüber den anderen allgemeinmedizinischen Kollegen deutlich überschritten werden.

Das Hauptproblem bestand eigentlich in der Tatsache, dass ich auch die weiterführende große Psychotherapie bei meinen Patienten durchführte. Eine Praxis, die sowohl die große wie auch die kleine Psychotherapie den Patienten anbot, ist nun mal äußerst selten. Genau war das in der Abrechnungsstatistik abzulesen, die wir von der kassenärztlichen Vereinigung übermittelt bekamen. In meinem Bezirk waren dies nur 80 Praxen. Verglichen wurde ich aber mit den Kollegen, die nur die kleine Psychotherapie anboten und geriet somit in einen statistischen Vergleich mit 1500 Kollegen.

Trotz mehrfacher Hinweise auf diese statistische Ungenauigkeiten gelang es mir nicht, meine Prüfungskommission von der Notwendigkeit überzeugen, in eine Vergleichsgruppe eingeordnet zu werden, die die gleichen Merkmale aufwies, also Praxen, die ein gleiches

Leistungsprofil hatten und mit meiner Praxis vergleichbar waren.

Es war eine unerfreuliche Situation und ich musste mittels Rechtsanwalt mit der ärztlichen Prüfungsstelle einen Schriftverkehr führen, der abgeheftet mehrere Aktenordner umfasste.

Im vorangehenden Kapitel hatte ich schon dargelegt, dass meine Praxis ein umfassendes Spektrum an Leistungen bot. In meiner Praxis habe ich die Möglichkeit gehabt, meine chirurgischen Ambitionen weiterhin zu verfolgen und kleinere chirurgische Eingriffe im ambulanten Bereich auch den Patienten anzubieten und durchzuführen.

Als passionierter Ultraschalluntersucher machte es mir äußerst Freude, Ultraschalluntersuchungen des Bauches, der Schilddrüse und der Gelenke mit Muskel und Sehnen im sportmedizinischen diagnostischen Bereich anzubieten.

Hinzu kamen die psychotherapeutischen Behandlungen im Rahmen der kleinen Psychotherapie.

Trotz dieses umfassenden Spektrums der Behandlungen kam es in den Quartalen, in denen die kassenärztliche Vereinigung meine Abrechnung moniert hatte, zu einer Fallwertunterschreitung oder nur leichten Überschreitung bei meinen Patienten.

Ein Fallwert wird ermittelt, indem die erbrachten Leistungen zusammengerechnet werden und durch die Anzahl der Patienten geteilt werden.

Selbst in den Quartalen, in denen ich diesen Fallwert unterschritten hatte, wurde der Vorwurf der Unwirtschaftlichkeit bei meiner Patientenbehandlung erhoben.

Stellen Sie sich vor ein Haus wird gebaut mit den Kosten von 500.000 €. Ein anderes Haus wird gebaut mit den Kosten von 480.000 €. Weil man aber bei dem Bau vom Haus, das 480.000 € kostete, 120.000 € für den Zement verwendet hat, beim anderen aber nur für 100.000 € Zement eingebaut hatte, so ist nach der Logik der kassenärztlichen Vereinigung/ärztliche Prüfungsstelle, das Haus mit den Gesamtkosten von 500.000 € wirtschaftlicher in der Erstellung.

Diese Durchschnittszahlen, die immer genannt werden und in den Statistiken zum Vergleich herangezogen werden, sind sehr problematisch, weil häufig nicht das individuelle Praxisprofil Berücksichtigung findet.

Ein neuer EBM, der EBM 2012 wirkte sich natürlich umgehend auch auf das Abrechnungsverhalten der meisten Kollegen aus.

Weil die Definition der Abrechnungsziffern 35100 und 35110 für die meisten Ärzte nicht so klar waren, weil sie auch bemerkten ,dass eine weitere Dokumentation sie erheblich mehr Zeit kostet, aber diese Zeit dann bei den Behandlungen der Patienten fehlt, wichen diese häufig auf die Abrechnungsziffer 03230 aus.

EBM 03230: zehn minütiges problemorientiertes,ärztliches Gespräch das aufgrund von Art und Schwere der Erkrankung erforderlich ist.

Ein solch verändertes Abrechnungsverhalten schlug sich natürlich auch deutlich auf die Durchschnittswerte der so genannten kleinen Psychotherapieziffern nieder .Die Häufigkeit der Abrechnung wurde dadurch deutlich gemindert.

Während dieser Zeit, mit der intensiven Beschäftigung der neuen Abrechnungsmodalitäten klopfte als " Hilfe" eine

Computerfirma bei mir an. Über irgendwelche Wege hatten sie erfahren, dass ich Probleme mit der Abrechnung der Psychotherapieziffern hatte.

Ein junger dynamischer eloquenter Herr kam in meine Praxis und bot mir an, eine Probeabrechnung kurz vor Ende des Quartals durchzuführen und dann einen Vergleich meiner abgerechneten Ziffern mit den Durchschnittswerten der Kollegen meiner Fachgruppe anzustellen.

Die daraus resultierende Empfehlung bestand darin, abgerechnete Ziffern wieder zu streichen, also erbrachte psychotherapeutische Leistungen aus der Abrechnung herauszunehmen, um nicht in eine Prüfung bei deutlicher Überschreitung, der abgerechneten Ziffern zu kommen. Ergo Manipulation nach unten, ein Konzept so versicherte mir der Herr von der Computerfirma, das viele Kollegen dankbar umsetzen würden.

Es hatte sich allmählich durch die intensiven Prüfungsmethoden der KV oder respektive der ärztlichen Prüfungsstelle herumgesprochen, dass es unklug sei, alle Leistungen die man erbracht hatte, auch abzurechnen. Das wesentliche Bestreben sollte für den Arzt sein, immer „im Schnitt",im Durchschnitt zu sein.

Stellen Sie sich vor, Sie betreiben eine Autowerkstatt, starten einen statistischen Vergleich mit Ihren Konkurrenten bezüglich der Höhe Ihrer Rechnung. Weil Sie aber im Durchschnitt höhere Rechnungen haben als ihre Konkurrenzwerkstätten, müssen Sie die Höhe Ihrer Rechnungen ändern, indem sie Ihre Leistungen herausstreichen und die Rechnungen an andere Werkstätten anpassen.

Damit Sie nicht statistisch auffällig werden, beauftragen Sie aber eine Computerfirma, die Ihnen dann mitteilt in welcher Art und Weise sie Ihre Rechnung ändern(manipulieren!) müssen. Und zum guten Schluss wird dafür noch ein stattlicher Betrag an Honorar fällig.

So wird der statistische Vergleich zwischen den einzelnen Praxen verfälscht. Wer also seine Abrechnung nicht nach unten hin korrigiert ist der Dumme, weil die Praxis schon bei 25 Prozent Überschreitung des Durchschnitts auf ihre "Wirtschaftlichkeit" überprüft wird.

Ist der Ehrliche der Dumme?

Der Körper rächt sich.

Im Volksmund existiert der Spruch: "Der Schuster hat die schlechtesten Schuhe".

Dies gilt insbesondere für die Ärzte, auch für die niedergelassenen Kollegen. Immer wenn ich die Anzeigen im hessischen Ärzteblatt durchlese komme ich zu der Rubrik: Unsere Verstorbenen.

Nicht selten stelle ich mit Erschrecken fest, dass schon wieder ein Kollege, den ich aus meiner Weiterbildungszeit in der Klinik kannte, mit dem ich häufig auf Fortbildungen gesprochen hatte, das Zeitliche gesegnet hat.

Eine Weile war ich erschüttert und erschrocken, aber dennoch behielt ich während meiner Praxistätigkeit die irreführende Überzeugung, dass ich selbst nicht ernsthaft erkranken könne. Erkrankungen wollte ich durch Sport auf immer und ewig von mir fernhalten. Krank werden die andern, aber ich doch nicht. Doch weit gefehlt!

Begonnen hatte alles 2008.Mit einer Helferin war ich zum Hausbesuch unterwegs. Als ich beim Verbandswechsel das Bein einer zweieinhalb Zentner schweren Patientin hochheben musste, verdrehte ich extrem den Rücken, beugte mich seitwärts und im gleichen Augenblick spürte ich, wie ein Blitz in mein linkes Bein schoss.

In meinem Leben hatte ich nie so starke Schmerzen gehabt wie zu diesem Zeitpunkt. Erstarrt wie eine Salzsäule stand ich, konnte mich nicht mehr bewegen. Weil nichts mehr ging, alarmierte meine Helferin sofort einen Krankenwagen.

Eine Sensation war es in unserem Ort: der Doktor wird ins Krankenhaus gefahren. Die Spekulationen waren mehr als abenteuerlich: vom akuten Herzinfarkt bis zum Schlaganfall, sogar vom Ableben meiner Person wurde berichtet. Wie sagt man doch so schön: Totgesagte leben länger.

Bei der extremen Beugung mit Rotation hatte ich mir einen Bandscheibenvorfall zugezogen, der operiert werden musste. Nach ungefähr acht Tagen – so töricht war ich – stand ich wieder in der Praxis auf der Matte, versorgte die Patienten wieder rund um die Uhr und verzichtete auf jegliche Rehabilitation, die mir sicherlich zu diesem Zeitpunkt mehr als gut getan hätte.

Aber schon ein Jahr später meldete sich das Herz. Schwindelattacken führten zu einer regelrechten Kollapsneigung. Anhand des von mir in der Praxis angefertigten EKG s konnte ich bald die Diagnose selbst stellen: Bradykarde Rhythmusstörungen.

Ich „hielt" noch ein halbes Jahr durch und machte meinen Stiefel weiter: die tägliche Praxis mit Stress, Anstrengungen, Anfeindungen und den übermäßigen Belastungen .Im Juni ließ ich mir dann endlich einen Schrittmacher implantieren.

Aber auch danach nahm ich nicht die Geschwindigkeit aus dem Praxisbetrieb heraus, im Gegenteil. Meine Frau meinte sogar ich wäre danach noch aktiver, hyperaktiv geworden, jetzt mit einer Batterie, eben wie das aus der Werbung bekannte „Durazellhäschen".

Wie gehabt, nach diesem Eingriff gönnte ich mir wieder nicht genügend Regeneration.

Teil des Genfer Gelöbnis für Ärzte: Ich werde auf meine eigene Gesundheit, mein Wohlergehen und meine Fähigkeiten achten, um eine Behandlung auf höchsten Niveau leisten zu können

Und so kam es so, wie es kommen musste, nach einem intensiven Lauftraining verspürte ich Schmerzen im linken Arm und ein Druckgefühl in der Brust. Die eigene Diagnostikmühle wurde wieder angeworfen, bei mir selbst das Blut in meiner Praxis kontrolliert .Wie befürchtet kam heraus, dass ich mir doch einen leichten Herzinfarkt eingehandelt hatte.

Nachdem die Laborärzte nach Auswertung meines Tropionin-spiegels Alarm geschlagen hatten, mich telefonisch informierten, fuhr ich in eigener Regie in das benachbarte Herzzentrum, ließ mir am gleichen Abend einen Herzkatheter legen und drei Stents implantieren.

Wie sang Freddy Mercury: The show must go on.

Da ich nur vormittags einen Vertreter in der Praxis angestellt hatte, versorgte ich nachmittags wieder selbst die Praxis .

Heute bin ich entsetzt über mich selbst und über meine eigene Selbstausbeutung, auch über den Raubbau, den ich mit meiner Gesundheit betrieben habe und das in einem Alter in dem schon viel an die Rente denken.

Altersstruktur im Gesundheitswesen: Niedergelassene Ärzte werden immer älter. Die Deutsche Gesellschaft altert, mit ihr auch die Ärzte. Das Durchschnittsalter der Ärzte und Psychotherapeuten in der vertragsärztlichen Versorgung ist in den vergangenen zehn Jahren von 51,9 auf 54,3 Jahre gestiegen (2019). Insbesondere bei den Hausärzten ist der Anteil der über 60 -jährigen besonders hoch (35,1 %)

Quelle:Statistische Informationen aus dem Bundesregister der KBV (2020)

Aber wie lautet ein klassisches Gesetz „ Vorsicht es kann noch schlimmer kommen" und so kam es leider auch.

Nachfolgesuche

So ganz ohne Eindruck blieben die Erkrankungen, die ich teils holprig- teils mit Bravour- gemeistert hatte, bei mir doch auch nicht und hinterließen eindeutig Spuren.

Unterschwellig und latent im Hinterkopf blieb doch ein Warnsignal, das schon ein wenig daran erinnerte, es doch nicht weiter so extrem zu treiben.

Die Thematik doch bald einmal mit der Praxis aufzuhören, wurde zunehmend präsenter.

Ein positives Vorbild hierbei war ein Kollege, der sich schon recht früh in seinen wohlverdienten Ruhestand verabschiedet hatte, obwohl er drei Jahre jünger war und sich auch einige Zeit später nach mir niedergelassen hatte.

Er war Mitglied in einer von ihm selbst gegründeten Gemeinschaftspraxis. Doch im Lauf der Jahre war es zu Unstimmigkeiten der Kollegen untereinander gekommen und der Kollege hatte wohl rechtzeitig daraus die Konsequenzen gezogen.

Von der ersten Minute an zerstörte mir gerade dieser Kollege die Hoffnung, für meine Einzelpraxis einen Nachfolger zu finden. Schonungslos offen erklärte er mir, dass seine Kollegen mit Mühe und Not in seiner Praxis seiner Gemeinschaftspraxis einen Ersatz für ihn finden und integrieren konnten.

Grundvoraussetzung war natürlich gewesen, dass ein Einstieg unmittelbar in eine laufende Praxis und besonders eben in Gemeinschaftspraxis möglich war.

In langen Gesprächen vermittelte er mir, dass die Einzelpraxis nicht mehr aktuell, nicht mehr lebensfähig sei, also praktisch tot wäre.

In jeder medizinischen Zeitschrift, die mir in die Hände fiel, las ich: Der Trend geht zur Gemeinschaftspraxis:

In einer online Befragung von 13000 Medizinstudenten(2014) wollte sich schon jeder zweite in einer Gemeinschaftspraxis niederlassen(50.6%).Nur jeder zwanzigste angehende Arzt neigte dazu, sich für die Niederlassung in einer Einzelpraxis zu entscheiden(4.7%)

Die Bestätigung für diese grundlegende Tendenz und Meinung innerhalb der nachfolgenden Ärztegeneration von heute lässt sich überall nachlesen. So bezeichnete in einem Interview in der Zeitung " Die Welt" der Ordinarius des Institutes für Allgemeinmedizin an der Universitätsklinik Frankfurt am Main, Professor Gerlach als Auslaufmodell .Klipp und klar tätigte er die Aussage, dass Einzelpraxen keine Zukunft haben.

Gerlach: Der Einzelkämpfer mit eigener Praxis ist ein Auslaufmodell. Die junge Generation möchte angestellt und im Team arbeiten. Genügend Freizeit ist vielen dabei wichtiger als ein hohes Einkommen. Diese veränderten Erwartungen müssen bei der Gestaltung unseres Gesundheitssystems mitgedacht werden. Hinzu kommt, dass jetzt schon 63 % der Studienanfänger im Fach Medizin Frauen sind. Der Arzt der Zukunft ist eine Ärztin. Gerade die jungen Ärztinnen möchten, vor allem wenn sie Kinder haben, in Teilzeit arbeiten. Ein Gesundheitszentrum ist oftmals ein idealer Arbeitgeber. (Die Welt: 1.3.2019)

Wie sollen durch solche Aussagen von einem kompetenten lehrenden Mediziner, Studenten zur Übernahme einer allgemeinmedizinischen Einzelpraxis motiviert werden? So werden radikal die letzten Illusionen für dieses doch so hervorragende Modell zerstört.

Selbst ein wenig desillusioniert, aber noch motiviert, machte ich mich auf die Suche nach einem Nachfolger.

Empfehlungen, wie eine Praxisabgabe erfolgreich funktionieren sollte, gab es zuhauf in den medizinischen Zeitschriften wie *Hausarzt/Medical Tribune/MMW /der Internist usw.*

Ein grundlegender Tenor dabei ist, so wird einhellig betont, der so genannte Zeitfaktor, ein rechtzeitiges intensives Bemühen um einen Nachfolger. Will man unter den jetzigen Bedingungen überhaupt Erfolg haben, sollte der Arzt mindestens zwei Jahre vor dem geplanten Abgabetermin mit der Nachfolgesuche beginnen.

Warum ist es denn so wichtig einen Nachfolger für die eigene Praxis zu finden?

Die Antwort ist zunächst simpel, natürlich soll eine Kontinuität in der Behandlung der Patienten erfolgen, vom Vorgänger an einen Nachfolger soll die Praxis möglichst nahtlos übergeben werden.

Eine Neueröffnung einer Praxis bedeutet neben dem Start ohne Patientenstamm zugleich eine weitaus höhere Investition. Eine laufende Praxis zu erwerben, ist für den Nachfolger gleichzusetzen mit der Übernahme eines funktionierenden Kleinbetriebes. Nach langjährigen Erfahrungen bleiben etwa 70 Prozent der Patienten bei dem nachfolgenden Arzt. Die Überlassung der Patientenkarteien und der Einrichtung galt seit jeher als essentieller Teil der

Altersversorgung eines Arztes. Der Nachfolger musste in den Zeiten geregelter Nachfrage einen „Goodwill "- Preis meist in Höhe eines Quartalsumsatzes zahlen.

Nichtverkauf bedeutet für jeden ausscheidenden Arzt einen herben finanziellen Verlust für seine finanziellen Rücklagen.

Erster Anlauf war somit eine Praxisbörse, die von der kassenärztlichen Vereinigung Frankfurt angeboten wurde. In einem wunderbaren netten Rahmen traf man sich dort, eigentlich mit der Absicht, einen Interessenten direkt sprechen zu können. Vorab hatte ich eine kurze Zusammenfassung meiner Praxis(Patientenzahl, Praxisgröße, Spezialisierung) formuliert, so dass die grundlegenden Voraussetzungen für jeden Interessenten gut und klar erkennbar waren.

Unterm Strich kam hierbei leider Gottes nichts dabei heraus. Es meldete sich in diesem Forum kein einziger Interessent.

Bei den Fachärzten herrschte eine wesentlich andere Situation. Ein befreundeter Augenarzt, die gleiche Veranstaltung besuchte, hatte Erfolg. Wie ich hinterher von ihm erfuhr, klappte es mit seinem Praxisnachfolger ohne wesentliche Probleme.

Der Misserfolg motivierte mich dennoch weiter, so dass ich auch Inserate im *Deutschen Ärzteblatt* und im *Hessischen Ärzteblatt* aufgab. Die Resonanz war sehr gering. Hin und wieder meldete sich ein Interessent, von dessen ernsthaften Absichten ich nicht unbedingt überzeugt war.

Es waren zumeist Interessenten, die mal schauen wollten, mal hören wollten, wie eine Praxis in dieser Größe, in dieser Dimension so läuft. Beeindruckend war manchmal die Arroganz und Selbstverständlichkeit einzelner Interessenten, die schon beim Erstkontakt Einsicht in meinen finanziellen Status haben wollten. Die eigenen Unterlagen waren häufig aber gerade nicht dabei, eben vergessen.

Mit bedingt war dies , dass in meinem Versorgungsgebiet laut Statistikwerten der kassenärztlichen Vereinigung Hessen eine Unterversorgung bei Hausärzten und hausärztlichen Internisten vorliegt.

Das bedeutet, dass sich jeder Allgemeinmediziner und hausärztliche Internist auf Antrag auf einen Kassenarztsitz bei der KV ohne weiteres niederlassen kann. Dabei braucht er keine Praxis zu übernehmen. Erst wenn der Versorgungsgrad bei 100 % liegt, alle ausgeschriebenen Kassensitze besetzt sind oder sogar eine Überversorgung vorliegt, wird der Bezirk gesperrt. Dann ist erst eine Niederlassung nur über den Ankauf eines Kassenarztsitzes möglich.

Ein Interessent stellte auch schon mal ganz kess die Frage: "Warum soll ich überhaupt ihre Praxis übernehmen, wenn ich für 400 Euro eine Kassenzulassung auf Antrag bekommen kann. Eine Tür weiter kann ich mich dann niederlassen ohne Probleme".

So schlaue Kollegen haben leider dabei nicht bedacht, dass sie bei null Patienten anfangen müssen und sich erst langsam einen Patientenstamm erarbeiten müssen, damit ihre Praxis läuft und Ertrag erbringt.

Der Prozess (Nicht von Franz Kafka)

Wie schon in den vorhergehenden Kapiteln geschildert, war ich durch meine intensive psychotherapeutische Therapie auffällig geworden, in ein Kollektiv von Allgemeinärzten geraten, die vergleichbare Leistungen anboten, aber nicht in dem Umfang wie ich sie in meiner Praxis anbot.

Ausgeführt hatte ich schon, dass ich mit einem Kollektiv von 1500 Ärzten verglichen wurde, jedoch nicht mit dem Kollektiv ,welches die Leistungen adäquat meiner Versorgungsstruktur anbot .Dieses umfasste nur ca. 80-90 Praxen in meinem KV Bezirk.

Das Verfahren:

Zum ersten wurde ich aufgefordert, zu den Überschreitungen schriftlich Stellung zu nehmen. Dieses Schreiben wurde an einen Ausschuss weitergeleitet. Dieser Ausschuss entschied dann, dass ein Regressverfahren gegen mich eingeleitet werden muss.

Die Unterlagen wurden einem Ausschuss übergeben, geleitet von einem Juristen und sich des Weiteren aus drei ärztlichen Beisitzern sowie drei Vertretern der Krankenkasse zusammensetzte.

Die Verhandlung fand am 13.4.2016 statt. Es wurde darüber verhandelt, wie viel Leistungen der ambulanten Psychotherapie ich erbracht hatte, und ob diese laut Definition des Sozialgesetzbuches wirtschaftlich ausreichend und notwendig waren.

Hierbei saß man über psychotherapeutische Leistungen zu Gericht, die ich im Jahre 2012 zwischen April und Dezember erbracht hatte.

Wohl gemerkt dies war vier Jahre nach dem Zeitpunkt der Leistungserbringung.

Hier zeigt sich ganz deutlich eine Besonderheit, die ich nur in kassenärztlichen Verfahrenswesen bisher kennen gelernt habe.

Fast vier Jahren lässt man bestimmte Abrechnungsmodalitäten zu, die dann gesammelt rückwirkend moniert werden, und Gegenstand eines Regressverfahrens werden.

Auf unser normales Leben übertragen können Sie sich folgendes vorstellen: Sie fahren drei Jahre lang in jedem Quartal einmal bei Rot über eine Ampel. Nach ca. vier Jahren eröffnet man Ihnen ein Verfahren und nimmt Ihnen jetzt beispielsweise auf das Jahr 2012 bezogen dreimal hintereinander den Führerschein ab.

Im normalen Leben, denke ich, ist es doch so, dass Sie schon beim ersten Mal bei einem fraglichen Gesetzesverstoß oder einer Geschwindigkeitsüberschreitung, eine Mitteilung und Aufforderung zur Stellungnahme bekommen?

In der digitalen Welt kommt nun noch die Besonderheit hinzu.: Jede Entscheidung, die Sie als Arzt treffen, müssen Sie so exakt dokumentieren, dass vier Jahre später jede Entscheidung, ob Sie eine Massage aufschreiben oder ein Medikament verordnen oder ein Gespräch führen, Befund, Diagnostik und Therapie daraus ableiten können.

Was Sie innerhalb von Sekunden, Minuten außerhalb Ihrer medizinischen Tätigkeit im Sinne einer Dokumentation tun, muss Jahre später per Computerscreening den unterschiedlichsten Fragestellungen standhalten.

Somit kann die Prüfungsstelle der Krankenkassen unter den verschiedensten Aspekten Prüfungen durchführen .Der Arzt wird meines Erachtens ausnahmslos verlieren. Ich weiß, wie wenige Menschen gegen ein Schachcomputerprogramm gewonnen haben. Ich denke da an Deep Blue.

Das Besondere an der ersten Sitzung war-hier ging es um einen Gegenstandswert von über 13.000 Euro Honorar-, dass ich nicht einmal die Gelegenheit bekam, persönlich vorzusprechen und meine Argumente vorzutragen. Eine Vorladung meiner Person war nicht erfolgt.

Es fand eine Verhandlung hinter geschlossenen Türen statt, von der mein Rechtsanwalt auch nichts erfuhr. Erst als das Urteil erging, wurde dieses uns zugesandt, mit der Aufforderung, den Anhang zu unterschreiben, den Betrag 13000 € leicht und locker zu erstatten und auf weitere Rechtsmittel zu verzichten.

Natürlich legte ich Widerspruch gegen den Bescheid der ärztlichen Prüfungsstelle in Hessen ein, der aber zeitversetzt ebenfalls zurückgewiesen wurde.

Schon im Jahr 2016 war ein Parallelverfahren wegen der gleichen Überschreitungen der psychotherapeutischen Leistungen gegen mich eingeleitet worden. Ein Sammelverfahren wurde installiert. Die Prüfungsstelle hatte Blut geleckt und wollte sich noch einiges von Honorar des Arztes zurückholen.

Ich dachte an das Zitat: Es kann doch nicht schlimmer kommen, aber es kam noch schlimmer.

Der Prüfungszeitraum wurde im Folgeverfahren noch weiter gefasst, nämlich die zwei kompletten Jahre von 2013 bis 2014. So kam eine Rückforderung von weiteren 33.000 Euro zu Stande.

Wohl gemerkt als dieses zweite Verfahren zur Verhandlung kam, schrieben wir schon das Jahr 2017.

Jeder brave Bürger, der sich an die Gesetze hält und sich nichts zu Schulden kommen lässt, hat schon für die Einkünfte 2013/ 2014 seine Einkommensteuer entrichtet.

Wie schon in den vorigen Ausführungen dargelegt, hatte ich bei hohem Patientenaufkommen auch hohe Einkünfte erzielt. Durch den Umzug und durch die Umorientierung in andere Bereiche der Medizin sanken danach natürlich die Einkünfte danach deutlich.

Ich hatte somit Einkommenssteuer bezahlt, für Einkünfte, die mir wieder abgenommen werden sollten und schließlich auch abgenommen wurden.

Die zweite Verhandlung, die ich mit meinem Rechtsanwalt im Januar 2017 wahrnahm, erbrachte wiederum das gleiche Urteil, die Zurückweisung unseres Widerspruches, mit der Konsequenz die Summen des ersten und zweiten Verfahrens also ca. 50.000 Euro zurückzuzahlen.

Dass es mir danach psychisch sehr schlecht ging, ist wohl gut nachzuvollziehen. Keines meiner Argumente hatte die Kommission gelten lassen, nämlich dass ich eine besondere Art von Praxis betreibe (Praxisbesonderheit), dass ich sehr viele fachärztliche Untersuchungen vermeide und direkt auf die psychischen Probleme des Patienten eingehe, auch wenn dieser weitgehend körperliche Symptome zeigt.

In dem Verfahren wurde mir als besondere Pointe mitgeteilt-man höre und staune-Psychotherapie sei keine Praxisbesonderheit. Meiner schriftlichen Aufforderung diese Aussage im Verhandlungsprotokoll fest zuhalten, wurde bis heute nicht nachgekommen.

Dennoch bin ich bis zum heutigen Tag überzeugt:

Mit meiner Art der Therapie reduzierte ich die alleinige Verordnung von Medikamenten, wie Schmerzmittel, Beruhigungsmittel und auch Schlafmittel. Mit dem Spektrum, das ich an Leistungen anbiete, liegt mein Durchschnittsfallwert um den Mittelwert meiner Kollegen. Das ist wirtschaftlich und steht für mich außerhalb jeder Diskussion und fernab der prüfungsorientierten Haarspalterei.

Bei Durchsicht der Protokolle stellte sich eine Tatsache heraus, die mich betroffen machte und sehr nachdenklich stimmte:

Stellen Sie sich vor, Sie haben ein Gerichtsverfahren, und sowohl in der ersten Verhandlung als auch in Ihrer Revisionsverhandlung sitzen die gleichen Menschen über sie zu Gericht. Was halten Sie davon?

In der ersten Sitzung am 13.4.2016 saßen die gleichen Personen in der Verhandlung, die schon meinen ersten schriftlichen Einspruch abgelehnt hatten.

Ebenso im zweiten Verfahren: Fünf von sechs Personen, die am 18.1.2017 die Sache verhandelten, waren identisch mit denen, die schon im ersten Verfahren ein Jahr zuvor meinen Widerspruch abgelehnt hatten.

Wie objektiv ist ein Gericht, ein Tribunal, das bei der Revision zur eigenen Entscheidungen Stellung nehmen soll?

Natürlich gibt es zu diesem Verfahren noch einiges zu sagen. So manche kafkaeske Situation macht auch das Verfahren nicht rückgängig, das aber letztendlich aufgrund meiner Ausdauer und Langmut im Sommer 2019 vor dem Sozialgericht in Marburg landete.

Hier hatte ich erstmals das Gefühl, in Person der zuständigen Richterin jemanden gefunden zu haben, der wenigstens versuchte, meine Argumentationen nachzuvollziehen und auch partiell zu akzeptieren.

Der Hauptvorwurf von Seiten der Kassen gegenüber meiner Praxis lag darin, dass ich die psychotherapeutische Ziffer 35100, die Abklärung, ob eine psychische oder körperliche Erkrankung vorlag, bei den Patienten zu häufig angesetzt hatte. Die Hauptforderung der kassenärztlichen Vereinigung und der Krankenkassen bestand darin, immer eine Diagnose mit der Kodierung F, mit einer psychiatrischen oder eine psychotherapeutische Diagnose anzugeben, um diese Ziffer abrechnen zu können.

Bei den Untersuchungen wurde jedoch häufig festgestellt, dass Wirbelsäulenbeschwerden häufig schon körperlicher und nicht psychischer Natur waren. Deshalb konnte man diese Kodierung natürlich in dem Falle nicht verwenden. Eintragen konnte ich eben nur-weil dem so war- in der Kartei des Patienten die entsprechende somatische Diagnose.

Das Sozialgericht Marburg gab mir recht, nämlich dass der Ansatz einer Psychotherapieziffer 35100 (Differenzialdiagnose psychischer oder somatischen Erkrankungen) nicht unbedingt eine Kodierung aus dem Sektor der F-Diagnose(Psychische Diagnosen) nach sich ziehen muss.

Ende 2016 wurde in einem Rundschreiben von der kassenärztlichen Vereinigung bekannt gemacht, dass Abrechnungsziffern der kleinen Psychotherapie in der Abrechnung nur noch Berücksichtigung finden, wenn eine Diagnose aus dem F Sektor beigefügt ist. (ICD 10 Psychologische Diagnosen).

Erst ab diesem Zeitpunkt beanstandete dies die KV Abrechnungsstelle und ließ Diagnosen nachcodieren und somit kamen die Ziffern 35100 gar nicht zur Abrechnung.

Für den mangelnden Informationsstand des Beschwerdeausschusses spricht folgende Tatsache, dass niemand von diesem Rundschreiben vom Dezember 2016 in der Sitzung am 18.1.2017 wusste, als mein Rechtsanwalt und meine Person auf diesen Sachstand hinwiesen.

Das Prüfgremium rechtfertigte sich, dass die ärztliche Prüfungsstelle und der Beschwerdeausschuss mit der kassenärztlichen Vereinigung nichts direkt zu tun hätten. Frage: Aber warum verhandeln diese dann über meine Abrechnungsziffern, die ich der kassenärztlichen Vereinigung zugesandt hatte?

Fragen über Fragen!

Zum Thema nach Kodierung sei noch folgendes an dieser Stelle zu bemerken: Wie vorher schon erwähnt, entstand eine wirtschaftliche Schieflage bei verschiedenen Krankenkassen wegen der unterschiedlichen Morbidität ihrer Versicherten.

Ein grundlegendes Problem der großen Krankenkassen wie AOK bestand darin, dass diese viele ältere und kranke Mitglieder hatten. Hingegen hatten die Betriebskrankenkassen und Ersatzkassen, relativ viele junge Menschen und

Versicherte die selten krank wurden mit ihren Versicherungsleistungen zu versorgen.

Aus diesem Grund wurde - wie schon erwähnt - auch der Risikostrukturausgleich geschaffen. Über die Kodierung weisen dann die Krankenkassen nach, wie viele schwer kranke Patienten, chronisch Kranke sie in ihrer Versorgung haben. Anhand dieser Unterlagen erfolgen finanzielle Ausgleichszahlungen.

So war es nicht verwunderlich, dass die kassenärztliche Vereinigung bis vor zwei Jahren unmittelbar nach der Abrechnung die Ärzte anschrieben, mit der Frage, ob nicht doch noch eine chronische oder schwerwiegende Erkrankung bei dem nachgefragten Patienten bestünde, denn diese sei doch im vorherigen Quartal bei der Abrechnung mit angegeben worden.

Dieses Verfahren - als Hochkodieren benannt- wurde intensiv betrieben, um die Abrechnung der Kassen zu korrigieren, zu intensivieren. Im Zuge dieses Verfahrens kam es auch zu staatsanwaltlichen Ermittlungen wie der nachfolgende Absatz zeigt.

Betrug mit Diagnosecodierung? Die AOK, mit 2,0 Millionen Versicherten die größte Krankenkasse in NRW, steht im Verdacht, sich durch Manipulationen bei der Diagnosecodierung zu viele Mittel aus dem morbiditätsorientierten Risikostrukturausgleichs besorgt zu haben. *Quelle: Medical Tribune (24.11.2017)*

Zusammenfassend bleibt nur zu bemerken:

Betreibt ein Arzt intensiv Psychotherapie und psychotherapeutische Behandlungen so wird er nicht einer adäquaten Vergleichsgruppe zugeteilt, ob er will oder nicht.

Trotzdem: Die Versorgung psychogener Erkrankungen wird in Deutschland hauptsächlich durch Hausärzte durchgeführt. Die Häufigkeit psychisch überlagerter Erkrankungen in hausärztlichen Praxen schwankt zwischen 21 und 52 Prozent (Üstün/Sartorius). In anderen Studien wird sogar schon von einer Häufigkeit bis zu 64 Prozent gesprochen.

Nach Angaben des *Fehlzeitenreports 2012 des wissenschaftlichen Instituts der AOK* ist die Zahl der Arbeitsunfähigkeit wegen psychischer Störungen seit 1994 um 120 % gestiegen. Die meisten Menschen mit psychischen Störungen werden immer noch zu selten, zu spät und zu wenig behandelt.

Nach dem Prüfkriterien der kassenärztlichen Vereinigung , die bei mir zur Anwendung kamen, dürften es aber nur zwischen fünf bis zehn Prozent der Patienten mit psychosomatischen Störungen sein; darüber hinaus besteht „eine statistische Auffälligkeit der Praxis", wenn mehr Patienten mit psychischen Störungen behandelt werden.

Daraus ist meines Erachtens zu folgern, dass die Kollegen, die wenige psychosomatische Ziffern abrechnen, nicht leitliniengerecht die Patienten mit psychischen Störungen diagnostizieren und ansatzweise therapieren. Die eigentlichen psychischen Konflikte beim Patient werden übersehen oder nicht adäquat gewichtet.

Grundsätzlich frage ich mich auch häufig: Wie wirtschaftlich ist es denn, im Abendprogramm Werbung zu machen: Für meine Gesundheitskasse AOK, für die DAK im Radio einen Werbe-

Trailer laufen zu lassen, Trikots von Handball-Vereinen mit AOK Logos zu verzieren, TK finanzierte Pavillions beim City Triathlon an der Frankfurter Hauptwache aufzubauen, ganzseitige Anzeigen von RVO Kassen in Tageszeitungen zu schalten?

Wie schlägt sich so was nieder in der besseren ambulanten Versorgung ihrer Versicherten?

Zum guten Schluss in Bezug auf mein Verfahren und meinen Prozess bezüglich der Honorar-Kürzungen: Ich komme nicht umhin, der Krankenkasse/der kassenärztlichen Vereinigung in Raten ca. 48000 Euro zurückzahlen.

Dies muss ich in einem Alter von 70 ! Jahren, einen Betrag, den ich für meine Altersrückstellungen gut gebraucht hätte.

Bezüglich meiner Altersversorgung gab es auch noch eine weitere Problematik. Ein wichtiger Baustein der ärztlichen Altersversorgung stellte seit je her auch der Verkauf der Praxis dar. Sollte es mir etwa nicht gelingen, die Praxis zu verkaufen so wäre ein weiterer finanzieller wichtiger Posten meiner Altersversorgung verloren.

Jedoch: Die Zeichen standen nicht günstig.

Repräsentative Ärztestudie: Sinkende Preise beim Praxisverkauf gefährden die Altersvorsorge

Laut zitierter Studie verzeichnete mehr als jeder zweite Arzt sinkende Erlöse für den Verkauf seiner Praxis. 53 Prozent der befragten Mediziner mussten ihre Vorstellungen zum Verkaufspreis im Lauf der Zeit reduzieren. Das wiederum gefährdet die eigene Altersversorgung, denn der Praxisverkauf ist eine wichtige Säule der Altersvorsorge der Ärzte. Mehr als jeder vierte Arzt (27 %) möchte die Hälfte

seiner privaten Altersversorgung aus dem Praxisverkauf erzielen, so die Studie. Die Übergabe der Praxis wird erst im Alter von 68 Jahren angestrebt. *Quelle Deutsches Ärzteblatt Heft 48 29. November 2019*

Nachfolgesuche

Es gibt Zeiten, da verdrängt man die Situation und versucht dem Problem auszuweichen. Aber dennoch ist es notwendig sich irgendwann den Tatsachen zu stellen.

Anfang des Jahres 2018 hatte sich der Körper gemeldet. Eine Situation war entstanden, der ich mich nicht leicht entziehen konnte.

Im Rahmen der Eigenvorsorge stellte ich bei meinen Blut-Kontrollen einen erhöhten PSA Spiegel (Tumormarker für Prostatakrebs)fest.

Wie bei den vorherigen Erkrankungen war ich zunächst abwartend und sehr defensiv, versuchte eine eigentliche Klärung heraus zu zögern und gewissermaßen, sie vor mir her zu schieben.

Weil aber die Kontrollen weiterhin den erhöhten PSA Spiegel bestätigten, kam ich nicht umhin, einen Termin bei einem Urologen zur Punktion zu vereinbaren.

Mein Kollege legte mir ans Herz, doch recht bald eine computergesteuerte Punktion der Vorsteherdrüse in seiner Praxis ambulant durchführen zu lassen. Der Vorteil hierbei war, dass über ein besonderes System die Punktionen so fächerförmig gestreut wurden, dass die komplette Prostata mit den multiplen Punktionen miterfasst wurde.

Nach einem Monat Bedenkzeit entschloss ich mich, endlich diese Untersuchung bei mir durchführen zu lassen. Die Tage danach waren recht quälend. Insbesondere das Warten auf das

Ergebnis der feingeweblichen Untersuchung war äußerst nervenbelastend.

Nach mehrmaligen Telefonaten kam endlich nach drei Wochen ein Termin bei dem Kollegen zustande und zwar sehr spät abends gegen Ende seiner Sprechstunde.

Als meine Frau und ich im Wartezimmer saßen, kam die Sekretärin mit energischen Schritten und zwei Blättern Papier in der Hand und sagte forsch zu mir: Hier haben Sie schon mal was zum Lesen. Ich schaute auf das Papier und starrte auf den histologischen Befund: Prostatakarzinom! In diesem Moment drehte sich alles um mich, ich war schockiert und wie gelähmt.

Auch wenn unter Kollegen eine gewisse Härte, Stabilität und Robustheit vorausgesetzt wird, so war dies doch für meine Begriffe nicht der adäquate Stil einer Aufklärung über eine maligne Erkrankung.

Von dieser Minute an genau wusste ich, dass ich nur noch bis zum Ablauf meines Mietvertrages Ende 2019 meine Praxis führen würde. Nun musste ich mich intensiv um meine Nachfolge kümmern, damit die Praxis doch irgendwie an einen Nachfolger übergeben werden kann.

Sofort wurden Inserate im *Hessischen Ärzteblatt* und im *Deutschen Ärzteblatt* geschaltet. Dabei erlebte ich ein permanentes Dejavu Erlebnis: Interessenten, die wenigen die sich überhaupt persönlich vorstellten, fanden immer etwas, was sie auszusetzen hatten, was ihnen gar nicht gefiel.

Insbesondere waren es leider die weiblichen Kollegen, die im Grunde genommen nur eine halbtägige Praxis betreiben wollten. Und obwohl ich schon meine übergroße Praxis auf eine durchschnittliche Praxis d.h. eine Praxis mit einer durchschnittlichen Patientenzahl heruntergefahren hatte, war für die Kolleginnen der Arbeitsaufwand einfach zu groß.

Es folgte ein Inserat in der *Praxisbörse der kassenärztlichen Vereinigung.* In dieser Praxisbörse kann ein Arzt, der seine Praxis abgeben möchte, eine Kurzbeschreibung seiner Praxis geben mit Angaben über Größe, Patientenzahl, Miete und Abgabetermin.

Hier meldeten sich zwei Kollegen, die schon bei anderen Kollegen als Praxisassistenten fungierten und noch einmal sondieren wollten, welche Praxen es in ihrem Umfeld, in ihrem Landkreis so verfügbar waren und zur Übergabe anstanden.

Mal für Mal führte ich die Interessenten durch meine Praxis erläuterte alles und vereinbarte mit den Kollegen, mir doch bitte Rückmeldung zu geben, ob Interesse bestünde oder nicht. Leider warte ich noch bis heute auf so manche Antwort.

In diesem Rahmen stellte sich auch eine Kollegin vor, die großes Interesse an meiner Praxis an den Tag legte, aber wie bei den anderen Bewerbern noch in einem festen Assistentenverhältnis in einer anderen Praxis war.

Wir verfuhren nach der gleichen Prozedur. Die Praxis wurde besichtigt, Informationen über meine Praxis mitgeteilt und zum Schluss vereinbart, bei Interesse Rückmeldung zu geben.

In diesem Falle hatte ich ihr die Information über den geplanten Zeitpunkt der Praxisabgabe mitgeteilt. Aus dieser Situation heraus entwickelten sich in meinem Praxisumfeld hartnäckige Gerüchte: nämlich „Achtung, der Doktor hört bald auf".

Die Reaktion vieler Patienten war leider, dass sie im gleichen Quartal in der Praxis nicht mehr erschienen. Patienten, die es offen handhaben, erschienen an der Anmeldung und holten sich ihre Unterlagen für sich ab, weil sie sich einen anderen Hausarzt gesucht hätten.

Auf diesem Wege war von einem auf den anderen Tag, ein deutlicher Rückgang der Patientenzahlen zu verzeichnen. Dies war nicht im Sinne des Erfinders.

Nachdem ich dieser Entwicklung gewahr wurde, zog ich natürlich meine Offerte aus der KV Praxis- Börse zurück und hoffte, ein wenig die brodelnde Gerüchteküche abzukühlen.

Die Entscheidung

Trotz alledem bemühte ich mich weiter, einen Nachfolger zu finden, der die Praxis- mein Lebenswerk- übernehmen sollte.

Bis zum September 2019 war eine Bewerberin im Spiel, die lebhaftes und seriöses Interesse an der Übernahme der Praxis zeigte. Nach kurzer Zeit jedoch kam ich mir bei ihr vor wie bei einem Pokerspiel. War die Absicht ehrlich und lauter oder wurde nur auf Zeit gespielt oder geblufft?

Die Kollegin war im Begriff in einer anderen Praxis, ihre Weiterbildung zum Facharzt für Allgemeinmedizin abzuschließen. Beim Erstkontakt teilte sie mir mit, dass sehr gut die Möglichkeit bestünde, Anfang 2020 in meine Praxis einzusteigen.

Natürlich nur unter der Voraussetzung, dass sie bis dahin ihre Prüfung zum Facharzt für Allgemeinmedizin absolviert hatte. Dies wurde zum Anfang der Kontakte zwar in Aussicht gestellt, aber beim Zweit- und Drittkontakt wurde dies zunehmend unsicherer.

Von meiner Seite aus musste eine Klärung herbeigeführt werden, somit klare Verhältnisse geschaffen werden. Es pressierte. Zum Ende des Jahres lief mein Mietvertrag aus. Ich müsste den Vertrag verlängern, ein, zwei oder gar fünf Jahre.

Da ich schon fünf Jahre länger über das normale Rentenalter von 65 Jahren hinaus in der Praxis tätig gewesen war, schien es für mich keine Option zu sein, noch sehr lange nachzudenken.

Klar gesagt: Ich wollte unbedingt zum Jahresende die Praxis abgeben. Wenn ich keinen Nachfolger finde, muss ich die Praxis schließen. Kompromisse wollte ich in keiner Weise eingehen. Auf keinen Fall wollte ich mir weitere Verpflichtungen aufhalsen.

Zielgerichtet strebte ich baldmöglichst ein klärendes Gespräch mit der Kollegin an und bat mir klar darzulegen, wie ihre Möglichkeiten waren, die Praxis zum Jahresanfang 2020 zu übernehmen.

Bei einem Telefonat bei dem ich mich nicht weiter vertrösten ließ, bekannte sie schließlich Farbe. Natürlich konnte die Kollegin in meinem vorgegebenen Zeitrahmen eine Übernahme nicht leisten. Sie schob aber die Bitte nach, ob ich nicht doch ein halbes Jahr länger machen könnte, damit sie dann verspätet in meine Praxis einsteigen würde.

Bei der Nachfrage bemerkte ich, dass diese Terminverschiebung aber auch nicht hundertprozentig verbindlich und sicher war. Also war die Entscheidung gefallen. Alea jacta est

Ende 2019 würde ich die Praxis auflösen und schließen.

Nachdem der Entschluss gefasst war, hatten wir in unserer Praxis eine Mitarbeiterbesprechung, bei der ich den beiden mir noch verbliebenen Mitarbeitern eröffnen musste, dass Ende des Jahres komplett Schluss mit der Praxis sein würde.

Das Bedauern war groß. Es flossen ein paar Tränen. In den letzten zwei Jahren waren wir ein absolut gutes Team, das hervorragend miteinander arbeitete und kommunizierte.

Auch war jetzt exakt der ideale Zeitpunkt gekommen, ein wenig innezuhalten, zu reflektieren, und zu schauen, wie ich selbst die Praxis wahrnahm, nach über 35 Jahren im eigenen Praxisbetrieb.

Eine Zeitlang hatte ich die Illusion, dass sich im Laufe der Jahre die Position im Arzt- Patienten- Verhältnis so gestaltet, dass der Patient im Arzt mehr und mehr sowohl einen vertrauten Menschen wie auch einen von ihm akzeptierten Spezialisten erkennt.

Aber bestimmte Veränderungen innerhalb der Gesellschaft haben dazu geführt, dass sich diese Entwicklung nicht eingestellt hat.

Kleine Begebenheiten spiegeln mehr als Worte die Wertschätzung ärztlicher Tätigkeit. Allein schon die Tatsache, dass ich bei einem angemeldeten Hausbesuch morgens um 6:30 Uhr vor verschlossenem Hoftor im Regen stehen muss. Fünf Minuten Wartezeit vergeht bis der Schlüssel gefunden wird, weitere fünf Minuten bis der Hund eingefangen wird, dies sagt wohl mehr als 1000 Worte über die Wertschätzung ärztlicher Leistung und Arzt-Patienten Kooperation.

Ich glaube, wenn man sich von einer Sache losgesagt hat, die emotionale Beteiligung deutlich reduziert hat, gelangt man leichter zu einer distanzierten Betrachtungsweise und Beurteilung der eigenen Situation.

So war ich immer noch, auch nach mannigfaltiger Weiterbildung, eigentlich nur der Hausarzt, den man so gerne instrumentalisierte, wenn der Familienkrach aufgekeimt war. Der sollte unverzüglich kommen, wenn der Blutdruck in die Höhe schnellt, das Herz drückt oder ein Schlaganfall unmittelbar vor der Tür steht.

Aber auch die positiven Erlebnisse kamen wieder hoch, die diagnostischen Highlights und die intensiven Therapien, die letztendlich doch zu Heilungen, Ausheilungen führten und sich auch in der Dankbarkeit und der Verbundenheit der Patienten widerspiegelte.

Da war die Patientin mit schwarzem Hautkrebs, der kaum einen Millimeter Dicke aufwies und den wir so herausschnitten, dass weder eine Bestrahlung noch eine Nachoperationen erforderlich war.

Da war der Schilddrüsenkrebspatient, bei dem die Klinik lange im diagnostischen Dunkeln tappte und wir einen wichtigen Hinweis für die Diagnose gaben, und so ein schon fortgeschrittener Krebs noch zur Heilung kam.

Tage an denen ich die Zeit und Muße fand, meine Situation nochmals zu überdenken, bestärkten mich noch eindeutig in meiner Entscheidung.

Große Erleichterung verspürte ich, nicht mehr von außen unausgereifte Reformen übergestülpt zu bekommen.

Das große Stichwort unserer Zeit ist heute die Digitalisierung, die in allen Ebenen durchgeführt werden sollte und auch durchgeführt werden muss, egal wie ausgereift die Systeme sind, und auf wessen Kosten und wessen Rücken die Einführung dieser Systeme durchgeführt wird.

Hinterfragt man die Digitalisierung, akzeptiert dies nicht ohne Wenn und Aber, läuft man Gefahr, als ewig gestrig und nicht kooperativ abgestempelt zu werden.

Digitalisierung der Medizin bedeutet als Erstes Investitionen, aber Investitionen in ein System, das vom technischen Stand her noch nicht ausgereift ist. Anfang 2018 begann die KV damit in Praxen die Installation von IT Geräten zu propagieren. Diese hatten zu diesem Zeitpunkt lediglich die Aufgabe, die eingelesenen Chipkarten über eine direkte Leitung zur zuständigen Krankenkasse auf deren Gültigkeit zu überprüfen.

In dieser Form werden keine Informationen über Vorerkrankungen des Patienten oder Medikation erfragt und mitgeteilt. Die Einführung dieser technischen Systeme birgt in sich den großen Nachteil, dass Praxiscomputer häufig abstürzen und die gesamte Praxistätigkeit und einfachste technische Abläufe wie Ausdruck von Rezepten und Überweisungen erheblich erschwert werden.

Hatten die Ärzte in der Praxis bis Anfang des Jahres 2019 nicht das TI-System eingeführt, so wurden von der Kassenärztlichen Vereinigung ein Prozent des Kassenumsatzes /Quartal abgezogen.

Wie nennt man solch ein Verfahren? Sanktion oder?

Die Sanktion wird noch gestaffelt gesteigert, denn ab dem ersten Quartal 2020 wird der Abzug bei TI Verweigerer auf 2,5 Prozent der Kassenleistung erhöht.

Die wichtigsten Regelungen aus dem digitalen Versorgungsgesetz:

Patienten können Ihre Daten in einer elektronischen Patientenakte speichern lassen.

Apotheken und Krankenhäuser werden verpflichtet sich, an die Telematik Infrastruktur (T I) anzuschließen. Praxisinhaber, die noch nicht an die TI angeschlossen sind, droht ab März 2020 eine gesteigerte Kürzung von ein Prozent auf 2,5 % des Honorars für das Jahr 2020 *(DVG im Nov. 2019 im Bundestag verabschiedet)*

Als ein besonders heikles Thema erweist sich in diesem Zusammenhang der Datenschutz, der unter den jetzigen technischen Bedingungen alles andere als gewährleistet ist. Hacker haben die Möglichkeiten auf die Patientendateien zuzugreifen, ohne dass dies mittels Virenschutz komplett zu verhindern wäre.

Dafür haftet natürlich der Arzt, der jegliche Art von missbräuchlichen Datenzugang verhindern muss, aber dies kann er unter den jetzigen technischen Bedingung nicht hundertprozentig gewährleisten.

Mich in meiner Entscheidung, die Praxis aufzugeben, bestätigt haben auch sehr viele anderweitige Fakten und Probleme aus dem täglichen Praxisumfeld.

Wenn ich morgens die Post sondierte, stieß ich fast immer auf ein Schreiben von den Krankenkassen meist mit unangenehmen Inhalt. So forderte mich beispielsweise eine Krankenkasse auf, nachdem sie meine Rezepte über ein neues gerinnungshemmendes Mittel(NOAK)analysiert hatte, die Tabletten auf kostengünstigere Medikamente umzustellen, um die Tagestherapiekosten zu senken, wenn auch nur auf einige Cent weniger.

Ausschnitt aus einem Schreiben der Krankenkasse DAK Gesundheit: **Durch den Abschluss des Rabattvertrages ist für die Versicherten der DAK Gesundheit Xarelto die wirtschaftlichste Alternative innerhalb der Gruppe der NOAK**

Nur die Kosten stehen im Vordergrund, im Focus der Krankenkassen. Das Risiko, das der Patient bei einer Medikamentenumstellung auf sich nehmen muss, scheint in den Hintergrund zu treten. Eine verstärkte Blutung, ein

Schlaganfall, ein Gerinnsel kann bei solchen medikamentösen Umstellungen eine lebensbedrohliche Komplikation sein.

Doch wer haftet schließlich und endlich, wenn es zu erheblichen Blutungskomplikationen oder starken Gerinnungsstörungen im Sinne von einer Thrombosebildung bei dem Patienten kommt, einzig und allein der Arzt, der dieses anordnet und ohne therapeutische Notwendigkeit eine Umstellung vornimmt.

Bestärkt in meiner Entscheidung, endgültig aufzuhören haben mich noch viele weitere Umstände. Allein schon die fehlende positive Darstellung der Leistungen der Ärzte in den Medien stoßen bei mir auf Unverständnis.

So muss ich beim Blick ins Fernsehen feststellen, dass die Notfallversorgung nicht mehr von den Ärzten sondern wohl nur von den Apothekern geleistet wird. Ein Werbespot weist darauf hin, dass die Apotheker im Notfall immer für die Patienten Tag und Nacht da sind. Nicht Ärzte sondern Apotheker leisten- so ist mein Eindruck- wohl jetzt die primäre Notfallversorgung.

Letzte Wochen.

Wie vorher schon beschrieben, setzte bei mir in den letzten Wochen eine deutliche Distanzierung zur Praxis ein, der Praxis, die eigentlich mein Lebenswerk war. Nun hatte ich sie ohne großen Widerstand doch geistig abgehakt.

Mit der sich entwickelnden Distanz konnte ich leichter die schon unterschwellig registrierten Entwicklungen innerhalb der Gesellschaft im Kontext zu meiner Tätigkeit besser erkennen und benennen.

Schon immer schwappte gesellschaftliches Denken in die Praxis, aber nicht so strikt und so direkt und so unmittelbar wie in den letzten fünf Jahren. So intensiv war es bisher noch nicht gewesen.

Zwar war es immer schon üblich, dass man eine Helferin mitnahm, wenn besondere Untersuchungen bei Frauen anstanden, zum Beispiel Untersuchungen des Enddarmes und des Bauches oder der Brust.

Nachdem die so genannte Me too Bewegung fast die gesamte westliche Welt ergriffen hatte, wurde dies in unserer Praxis ausgeweitet. Es war zum Standard geworden, dass immer eine Helferin bei jeder Untersuchung im Sprechzimmer zugegen war.

Vertrauen wurde ausgetauscht gegen Misstrauen.

In unserer schönen neuen Praxiswelt hat uns auch die Datenschutzverordnung mit ihren teils irrationalen Regeln das Leben erschwert. Obwohl heute schon jeder Mensch in der

Gesellschaft mehrfach registriert ist, Daten über sein Bestellverhalten bei Amazon, seine Einkaufsgewohnheiten per Paybackkarte, seine Bewegungen per Handy Überwachung kontrolliert werden, ist es mir nicht erlaubt unter Strafandrohung von einem Bußgeld, ins Wartezimmer zu gehen und zu sagen:" Herr Schmidt kommen Sie bitte zu mir ins Sprechzimmer."

Die namentliche Ansprache ist die primäre, die elementare Kontaktaufnahme von Menschen untereinander in einem sozialen Verband, der Gesellschaft. Wie weit ist es aber mit uns und unserer sozialen Kommunikation gekommen, wenn dies schon tabuisiert wird und gar unter Strafe gestellt wird?

Soziale Kontakte gehen nachfolgenden Stufen und Muster vor sich:

Die Kontaktaufnahme d.h. die Begrüßung ist ein wichtiges Stadium der Verbundenheit von Mensch zu Mensch.

Der gesamte Kontakt leidet darunter, wenn schon in diesem ersten Schritt eine Störung mit enthalten ist und dieser nicht herzlich, authentisch und originär ist.

Gerade der Personenkreis, der derzeit den Datenschutz über alles stellt, mokierte sich früher, wenn in der Klinik eine Entpersönlichung des Patienten stattfand und der Chefarzt sagte: „Wie geht es dem Magen von Zimmer 10?"

In der nächsten Stufe der Kommunikation, der Differenzierung, entsprechend der Behandlung, kann der Therapeut solche primäre Störungen schwer kompensieren. Es kommen dem Arzt aufgrund der mangelnden Verbundenheit häufig sogar Abwehrreaktionen von Seiten des Patienten entgegen.

Da kann auch die dritte Stufe im Rahmen der Kommunikation nämlich in der Ablösung nicht mehr den Kontakt im positiven Sinne aufwerten.

Obzwar die gesamte ambulante Medizin in unserem Gesundheitssystem nur etwa 17 % der Gesamtkosten ausmacht, (die Verwaltungskosten aber 15-20 %) haben die Kassen in Kooperation wie schon in den vorhergehenden Kapiteln dargelegt, intensive Kontrollmechanismen eingebaut.

In den letzten Jahren habe ich gelernt, mit diesen so genannten Widersprüchen zu leben. Einerseits wird bemängelt, dass die Versorgung der Patienten mit der ambulanten Psychotherapie nicht ausreichen .Es käme zu langen Wartezeiten bis ein Patient einen geeigneten Therapeuten fände oder gar erstmals einen Erstkontakt mit ihm haben könnte.

Ein weiterer und entscheidender Teil der Realität ist aber auch, dass die Abrechnungsmodalitäten bezüglich der Psychotherapie mit immer neuen Verwaltungsstrukturen und neuen Abrechnungsziffern gekoppelt sind, so dass die Abrechnungen verkompliziert und teilweise kaum noch durchgeführt werden.

Immer wieder lese ich, dass die Allgemeinmedizin gefördert werden sollte. Aber meine Erfahrungen gehen dahin, dass dies lediglich ein Lippenbekenntnis ist. Die Einzelpraxis soll abgeschafft werden. Dafür soll die Gemeinschaftspraxis oder das medizinische Versorgungszentrum zum Standardmodell in der Medizin werden.

Dies sind die Widersprüche die sich immer wieder neu ergeben und diese stimmen mich doch sehr nachdenklich.

Erstmals erlebte ich 2015 etwas, das ich in unserer Zeit in unserem Gesundheitssystem für unmöglich gehalten hatte.

Ein Patient kam in meine Praxis, ein Handwerker, der sich bei seiner Tätigkeit an der Hand verletzt hatte. Nach der Wundversorgung stellte sich die Frage, wie es mit seiner Impfung gegen Tetanus aussehe. Da die Grundimmunisierung schon mehrere Jahre zurück lag, bestand die Notwendigkeit, eine Auffrischimpfung durchzuführen.

In den Tagen davor waren viele Menschen verunfallt und somit hatten wir keinen Impfstoff mehr vorrätig. Diesen wollten wir bei unserer Apotheke sofort nachbestellen und geliefert bekommen.

Zum ersten Mal hörte ich in meiner 35- jährigen Praxistätigkeit den Begriff des „Lieferengpass" bei Medikamenten.

Ich war immer davon ausgegangen, dass wir in einem Land der medizinischen Maximalversorgung bei einer Basismedikation keinerlei Engpässe haben würden. So wurde ich eines besseren belehrt.

Dies sollte der Auftakt zu einer Reihe von Problemen sein, die sich im Lauf der nächsten Monate zeigten und sich immer weiter verschärften.

Mal war ein Blutdruckmedikament unrein. Die Lieferung aus den Ländern wie China und Indien, von denen wir uns in der Medikamentenproduktion abhängig gemacht hatten, konnte nicht mehr erfolgen. Die Blutdruckmedikamente wie Candesartan **und** Valsartan waren kurzzeitig vom Markt verschwunden.

Der Preisdruck der Kassen hatte uns erhebliche Probleme mit der Basisversorgung der Versicherten beschert, die dann von ärztlicher Seite mit der Umstellung auf anderes Präparat kompensiert werden mussten.

Offenbach Post vom 24. Januar 2020: **Immer häufiger werden wichtige Arzneimittel knapp, sind nur schwer oder gar nicht zu bekommen. Die Ursache für das Problem liegt zu einem nicht unerheblichen Teil in der Globalisierung. Viele Arzneimittel werden vorwiegend in China und Indien produziert. Die dortige Nachfrage ist groß. Hinzu kommen Monopole der Branche, so dass bestimmte Medikamente nur noch an ein oder zwei Orten auf der Welt hergestellt werden. Die Abwanderung der Hersteller ist aber wohl auch das Ergebnis des wachsenden Kostendrucks. Beim Verband forschende Arzneimittelhersteller heißt es die durchschnittliche Versorgung eines Patienten in Deutschland dürfte gerade mal 0,60 € am Tage kosten. Betroffen seien insbesondere Generika die günstigen Alternativpräparate. "Deren Preise liegen inzwischen so niedrig dass die Hersteller von Wirkstoffen zum Teil auch von Arzneimittel nicht mehr genug Geld verdienen um ihre Anlagen wirklich auf Topniveau zu halten", sagen forschende Unternehmen**

Im letzten halben Jahr meiner Praxistätigkeit gehörte es dazu regelmäßig Umstellungen bei zahlreichen Medikamenten vorzunehmen, aber dennoch dabei die komplette Verantwortung für eventuelle Probleme bei der Umstellung wie Unverträglichkeiten und Allergien mittragen zu müssen.

Nicht nur bei den blutverdünnenden Mitteln sondern auch bei Antibiotika und deren Verordnung wurde der Druck von außen auf uns als Therapeuten mit dem Ziel der Beeinflussung meines Verordnungsverhaltens extrem gesteigert.

Immer wieder wurde von Seiten der Medien und auch von Seiten der kassenärztlichen Vereinigung in den Rundbriefen vor der häufigen Antibiotikaverordnung gewarnt.

Am besten sollte der Arzt vor Therapiebeginn mit einem Antibiotikum einen Bluttest oder einen bakteriellen Nachweis führen, um sicherzugehen, dass es sich hierbei um eine bakterielle Infektion handelt. Dies kann aber eine fatale Verzögerung des Therapiebeginns bedeuten. Solch ein Vorgehen ist für den Patienten äußerst riskant und birgt Komplikationen in Form von Mitbeteiligung von Organen wie Herz und Nieren. Auch eine Blutvergiftung ist bei Therapieverzögerung eine häufige schwerwiegende Komplikation.

Entstanden ist eine solche Situation aber, dass Antibiotika für die forschende Pharmaindustrie weitestgehend uninteressant sind, weil nur eine Kurzzeittherapie meist durchgeführt wird. Hieraus erklärt sich unter Umständen auch, dass in den letzten drei Jahrzehnten keine neuen Antibiotika entwickelt wurden. -

Weitestgehend bekannt dürfte auch sein, dass in der Tiermast Antibiotika -auch Reserveantibiotika- breit eingesetzt werden. In meiner Praxis habe ich öfters erlebt, dass ein Kleinkind, das noch nie ein Antibiotikum bekommen hatte, bei einer Mandelentzündung eine Allergie auf das verordnete Penicillin zeigte. Pharmakologen vermuten eine Antibiotikaaufnahme und Sensibilisierung durch die Nahrung.

Dies ist die eine Entwicklung, die es dem Arzt besonders schwer macht seine Therapie verantwortlich durchzuführen. Er hat die Therapiehoheit großenteils längst abgegeben; aber dennoch: **die Verantwortlichkeit für jegliche Therapie trägt er weiterhin.**

Letzte Tage

Der Aushang

Sechs Wochen vor Ende des Quartals also im vierten Quartal 2019 formulierte ich einen Aushang. In diesem informierte ich die Patienten darüber, dass ich zum Jahresende die Praxis leider aufgeben muss.

In diesem Aushang erläuterte ich, welche Faktoren dafür verantwortlich waren, dass ich komplett aufhöre und die Praxis nicht weiter betreiben kann.

Neben dem Alter waren es natürlich die Erkrankungen und vor allem aber auch die Rahmenbedingungen, die sich in den letzten Jahren derart drastisch zum Negativen rund um die Praxis verändert hatten.

Die Reaktionen

Schon am ersten Tag, als wir den Aushang im Wartezimmer aufgehängt hatten, kam es zu Reaktionen, mit denen ich nicht unbedingt gerechnet hatte.

Kaum hatten eine Patientin und ihr Mann den Aushang gelesen, kam sie mit Tränen in den Augen zurück zur Anmeldung mit der Frage: "Wie kann das sein? Warum tun Sie uns das an?"

Doch häufig war es ein Schwanken zwischen zu tiefstem Bedauern und Achselzuckendes zur Kenntnis nehmen.

Die Hauptreaktion allerdings war: Was soll ich denn jetzt machen: Wie finde ich einen anderen Arzt? Wie bekomme ich meine Unterlagen?

Und natürlich wurde ich auch mit Forderungen und Wünschen verschiedenster Art konfrontiert: Können Sie mir noch schnell mal diese oder jene Blutwerte untersuchen? Können Sie mir nicht nochmal drei Packungen von meinem Medikament aufschreiben bis ich einen anderen Arzt gefunden habe?

Sogar harsche Vorwürfe wurden erhoben: Warum haben Sie das nicht schon früher angekündigt, dann wäre ich schon längst bei einem anderen Arzt untergekommen?

Auch wurden nochmal alle möglichen älteren Befunde ausgegraben, um eine Interpretation und Erklärung von Röntgenbefunden, von Befunden vom Hals Nasen Ohren Arzt oder anderen Fachärzten bei mir bekommen, da man beim Facharzt nicht gewagt hatte, nochmal gezielt nachzufragen.

In der Summe war ich schon etwas enttäuscht, da ich mir vorgestellt hatte, dass die Bindung des Patienten zum Therapeuten wohl etwas intensiver sein würde.

Der große Trennungsschmerz, der bei mir natürlich auch nach so langer Zeit gegeben war, betraf im Wesentlichen die älteren Patienten, die über mehrere Jahre mir treu geblieben waren und sich in meiner langjährigen Behandlung befanden.

Wenn man dies ungefähr in Prozentzahlen ausdrücken wollte, waren das ca. 10 Prozent meiner Patienten.

Besonders gefreut hat mich, als ein junger 30 jähriger Patient zu mir kam und sich daran erinnerte, wie er in Begleitung der Eltern als Kleinkind erstmals in meine Behandlung kam und dann auch dauerhaft in meiner Betreuung und Praxis blieb.

Für mich war dies eine Bestätigung meiner These und langjährigen Philosophie, dass die Allgemeinmedizin eigentlich- wie es in anderen asiatischen Ländern schon üblich ist-, die Familienmedizin, den family doctor in Wirklichkeit stellt.

Perspektiven

Als eigene Perspektive war es nun verlockend nach so vielen Jahren frei zu sein, über seine Zeit frei verfügen und planen zu können. Als Minimalziel habe ich mir gesetzt, ein ganzes halbes Jahr nicht weiter zu arbeiten, und dann zu entscheiden, ob ich mich irgendwo mal wieder in eine Praxis begebe, um dort eine Vertretung anzutreten.

Auch wurde mir noch einmal im Prozess der Auflösung bestätigt, dass die Einzelpraxis in ein paar Jahren nicht mehr existieren wird, obwohl sie als therapeutisches Modell die ideale Versorgung für den einzelnen Patienten ist.

Beim Arzt- Patienten- Kontakt ist der Arzt in der Einzelpraxis immer der gleiche Therapeut, der den gleichen Patienten betreut.

In Polikliniken und Gemeinschaftspraxis kann und wird dies nicht immer eingehalten werden. Wichtige Vorinformationen über Anamnese und Krankheitsverlauf müssen immer beim jeweiligen Neukontakt erarbeitet werden.

In schlechter Erinnerung ist mir immer noch eine Patientin, die drei Jahre in ein pneumonologisches Versorgungszentrum ging, bis die Diagnose Lungenkrebs festgestellt wurde.

Wie soll der Nachwuchs in der Allgemeinmedizin herangezogen werden und wie soll die Attraktivität der Niederlassung im ambulanten Bereich gefördert werden?

Es ist zu einfach, zu sagen, dass die neue Generation von Ärzten nicht mehr so lange arbeiten will, bequemer ist und eher Verantwortung und Risiko scheut.

Im Gegenteil, die nachwachsenden Mediziner versuchen, ihr Leben so zu gestalten, dass neben der Arbeit noch ein lebenswertes Leben geführt werden kann.

In unserer Gemeinde praktizierte noch bevor ich mich niederließ ein alter Allgemeinmediziner, der Sprechstunden von morgens bis zum späten Abend, bei Grippewellen bis in die Nacht gegen 23:00 Uhr durchführte, Tag und Nacht und sogar an Wochenenden und Feiertagen Hausbesuche machte.

Als er die Praxis dann endlich abgab, verblieben ihm nur noch vier Monate für sein Hobby, in einer Bäckerei mit zu arbeiten. Er verstarb plötzlich im Alter von 67 Jahren.

Ich bin mir im Klaren darüber, dass es ein Leben außerhalb der Medizin, außerhalb der Praxis gibt, von dem ich leider Gottes auch bisher noch nicht viel miterleben konnte.

Dies zu genießen, ist zunächst meine Perspektive.

Der Abschied

Am 19. Dezember kam der Container, wurde vor der Tür platziert, die Schränke hatten wir schon weitestgehend abgebaut und auch schon über den Sperrmüll teilweise entsorgt.

Wir räumten, schleppten und warfen alles, was wir nicht mehr brauchten in den geräumigen sieben Kubik Container.

Schon bald kamen aus dem Umfeld und wie aus dem Nichts scheinbar Schrottsammler, die alles nach Metallischem durchsuchten.

Ein studentischer Helfer, der mit Sicherheit die Arbeit nicht erfunden hatte, trug Brett für Brett einzeln nach draußen.

Leider hatte sich niemand für mein Inventar interessiert bis auf eine Psychotherapeutin, die in ihrer Praxis meine Anmeldung installieren wollte.

Diese wurde auch flugs abgebaut und abtransportiert. Gott sei Dank kamen auch noch junge Studenten, die eine Praxis für Obdachlose in einer deutschen Großstadt installieren wollten, und nahmen mit, was sie an Inventar für sich gebrauchen konnten.

Ein klein wenig erleichtert war ich, das nicht alles, was man in den 35 Jahren aufgebaut hatte, gepflegt hatte zum „guten" Schluss im Müll landete.

Natürlich hatte ich versucht, die Sachen über die verschiedensten Wege an den Mann zu bringen. Als erstes mit einem Aushang in der Praxis ,dass alle Patienten eventuell

Möbel ,Möbelteile ,Stühle wie Regale nach der Auflösung für sich mitnehmen könnten.

Weder von Seiten der Patienten noch über eine Anzeige bei eBay meldeten sich für das Inventar Interessenten. Unser soziales Möbelkaufhaus in unserem Stadtteil schickte einen Mitarbeiter kurz vorbei, der sich die Unterbauschränke ansehen sollte. „Wenn da kein Herd dabei ist, es für uns uninteressant", beschied er uns und verließ die Praxis.

Auch medizinisches Instrumentarium wie chirurgisches Besteck, Stirnlampe, OP Leuchte noch im Topzustand boten wir der Hilfsorganisationen „Ärzte ohne Grenzen" an. Die lehnten leider dankend ab und sagten aber, wenn wir ihnen helfen wollten, so könnten wir gerne Geld spenden.

So verschwand all das restliche Inventar in dem großen Schlund des Containers und symbolisch damit, das Lebenswerk, die eigene Arztpraxis.

Da war ein absolut ambivalentes Gefühl. Die eigene Tochter, die vor Jahren schon halb auf dem Weg war Medizinerin zu werden, war meine große Hoffnung gewesen. Vor dem Physikum stieg sie auf ein Psychologiestudium um, um danach Kinder und Jugendpsychotherapeutin in eigener Praxis zu werden.

Sicher hatte ich auch einen Anteil daran, dass sie diesen Entschluss fasste, denn zu häufig berichtete ich über die Probleme und Umstände, wie es in einer Allgemeinpraxis zuging.

Verübeln kann ich ihr aber keinesfalls diese Entscheidung, denn wenn heute ein junger Mediziner in seiner Ausbildung frühzeitig mit den Realitäten konfrontiert wird, wird er schon erheblich verschreckt. Da reicht allein schon die Bedrohung durch die mannigfaltigen Regresse.

Stellen Sie sich vor, nach vier Jahren bekommen Sie einen Brief von ihrem Arbeitgeber, der Sie auffordert fünf, sieben oder zehn Prozent ihres Gehaltes wieder zurückzuzahlen, weil sie in ihrem Produktionsprozess, beispielsweise bei der Herstellung von Autoteilen, nicht sparsam genug gewesen sind. In welchen Teilen unserer Gesellschaft haben sie ähnliches schon gehört oder gar erlebt?

Am nächsten Tag wurde der Container abgeholt, die Praxis komplett leer geräumt und Platz gemacht für die Maler, die der Praxis einen neuen Anstrich geben sollten.

Langsam wie zum Rapport ging ich nochmal durch die Räume, angefangen von meinem Sprechzimmer, über den Behandlungsraum, durch das Wartezimmer, an die Anmeldung zum Schluss in das Psychotherapiezimmer.

Ich schaute die kahlen Wände an und ein wenig wurde es mir schon weh ums Herz, aber **auch nur ein klein wenig.**

In diesen Minuten glaubte ich, einen Silberstreif am Horizont zu sehen und endlich das System der Kassenmedizin hinter mir gelassen zu haben. Aber weit gefehlt.

Der endgültige Abschluss war natürlich die Übergabe der Praxisräume an meinen Vermieter, der zutiefst bedauerte, dass ich die Praxis auflöste und keinen Nachfolger für meine Praxis gefunden hatte.

Es war kein heftiger Kampf, es war ein leichtes sanftes Ableben, den die Praxis gefunden hat, nämlich den

Praxistod.

Epilog.

Wer jetzt denkt, dass man als Kassenarzt einmal alles hinter sich gelassen hat, die Praxis aufgelöst hat, die Angestellten entlassen, die letzten Rechnungen bezahlt, und nun könnte er endlich, endlich seinen Ruhestand genießen, der hat sich gewaltig getäuscht.

Zwei Wochen nach dem ich die Vorzüge des längeren Schlafens und der Regeneration im Umfeld meiner Familie genießen konnte, kam ein Brief der kassenärztlichen Vereinigung in dem die Herren Vorstände mir alles Gute für die Zukunft wünschten.

Darin räumten sie ein, dass Kollegen oder in meinem speziellen Fall meine Person nicht immer mit ihren Entscheidungen wohl einverstanden gewesen wären. Was für eine nette Formulierung!

Zu diesem Zeitpunkt konnte ich noch nicht ahnen, dass schon von der von mir geliebten Ärztlichen Stelle wieder ein Regress, gegen einige meiner Verordnungen in die Wege geleitet worden war.

Zu meinem Abschied hatte ich Kontakt mit der örtlichen Presse aufgenommen und meine Situation geschildert und auch beklagt ,wie wenig Unterstützung ich von Seiten meiner Standesvertretung gehabt habe, meine Praxis weiter zu erhalten, weiter zu vermitteln und an einen Nachfolger zu übergeben.

Auch hatte ich häufig in Leserbriefen meine klare offene, unangenehme Meinung über die Entscheidungen der kassenärztlichen Vereinigung und den Krankenkassen kundgetan.

Und so war es auch nicht verwunderlich sondern folgerichtig, dass ich von einer Überprüfung meiner vor vier Jahren getroffenen Verordnungen von Hilfsmitteln des Jahres 2016 im Sinne einer zufälligen Stichprobe erfuhr. Wie sagte doch ein weiser Gelehrter: Nichts ist Zufall!

Ich hatte nicht zu viel verordnet, ich hatte nur Patienten mit Rückenschmerzen und Wirbelsäulenbeschwerden Massagen verordnet und dazu, wenn sie Muskelverspannungen hatten, auch Wärmeanwendungen und Fangopackungen. Allein zum Wohle der Gesundheit meiner Patienten.

Wie immer wurde ich aufgefordert, dazu Stellung zu nehmen gegen schon ein vorgefertigtes, erstelltes Gutachten von einem orthopädischen Kollegen. Meine Erfahrung sagte mir doch zu gleich, Widerspruch zu schreiben, Gegenargumentieren macht nicht viel Sinn, zumal diese Gutachter nie ihre Meinung ändern. Trotzdem wandte ich mich mit einer Gegendarstellung an die Ärztliche Stelle, natürlich ohne Erfolg wie immer!

Statt mir einen Blumenstrauß für 35 Jahre Praxistätigkeit als Kassenarzt zu schicken, leistete ich wieder eine Regresszahlung von 2000 Euro.

Nun überlege ich schon, mit 70 Jahren wieder anzufangen zu arbeiten, um nicht weitere Rückstellungen zu verlieren!

Anhang

Wirtschaftlichkeitsprüfung

Vertragsärzte sind zur Wirtschaftlichkeit verpflichtet, d. h. die verordneten Leistungen müssen ausreichend, zweckmäßig und wirtschaftlich sein und dürfen das Maß des Notwendigen nicht überschreiten (§ 12 SGB V).

• Ausreichend sind Leistungen, wenn sie nach Umfang und Qualität hinreichende Chancen für eine Heilung bieten und einen Mindeststandard garantieren.

• Zweckmäßig sind Leistungen, wenn sie zur Herbeiführung des Heilerfolgs geeignet und hinreichend wirksam sind.

• Notwendig sind Leistungen, die unentbehrlich, unvermeidlich oder unverzichtbar sind.

• Wirtschaftlich sind Leistungen, wenn die gewählte Therapie im Vergleich zu anderen ein günstiges Verhältnis von Kosten und Nutzen aufweist.

Die Einhaltung des Wirtschaftlichkeitsgebots unterliegt einer gesetzlich vorgeschriebenen Wirtschaftlichkeitsprüfung (§§ 106 und 106b SGB V).

Mit dem GKV-Versorgungsstärkungsgesetz wurde zum 1. Januar 2017 die bis dahin als Regelprüfmethode vorgesehene Richtgrößenprüfung (Auffälligkeitsprüfung) abgelöst und die

Wirtschaftlichkeits- und Abrechnungsprüfung insgesamt neu strukturiert.

Die Prüfung erfolgt nun anhand von zwischen den Landesverbänden der Krankenkassen und Ersatzkassen sowie den Kassenärztlichen Vereinigungen getroffenen Prüfvereinbarungen (gilt für Prüfzeiträume ab 2017). Bei der Ausgestaltung der Prüfungen einschließlich des Prüfgegenstandes sind die regionalen Vertragspartner grundsätzlich frei. Die Prüfmethode kann deshalb regional variieren (beispielsweise Richtgrößenprüfung, Durchschnittsprüfung oder Prüfung nach Zielwerten). Deshalb sind zur konkreten Information die jeweiligen Prüfvereinbarungen zu berücksichtigen.

Rahmenvorgaben für die Wirtschaftlichkeitsprüfung

Inhaltliche Grundlage der regionalen Prüfvereinbarungen sind einheitliche Rahmenvorgaben der KBV und des GKV-Spitzenverbands zur Neustrukturierung der Wirtschaftlichkeitsprüfung nach § 106b Absatz 2 SGB V .

In den Rahmenvorgaben wird unter anderem Folgendes geregelt:

Umfang der Wirtschaftlichkeitsprüfungen

• Sofern in den regionalen Vereinbarungen statistische Prüfungsmethoden vereinbart werden, sollten vorrangig Auffälligkeitsprüfungen geregelt werden.

• Im Falle von Auffälligkeitsprüfungen sollen maximal 5 % der Ärzte einer Fach- bzw. Vergleichsgruppe geprüft werden. Der Prüfzeitraum soll ein Jahr umfassen.

- Die Durchführung der Prüfung kann auf für die Versorgung relevante Anwendungsgebiete beschränkt werden.
- Die Voraussetzungen für Einzelfallprüfungen sind zu regeln.
- Das Recht auf Vereinbarung weiterer Prüfungsarten bleibt unberührt.
- Ärzte mit einem geringen Verordnungsumfang können von den Prüfungen ausgenommen werden.

Beratungen als Maßnahme bei statistischen Prüfungen

- Bei erstmaliger Auffälligkeit bei statistischen Prüfungen erfolgt zunächst eine individuelle Beratung, bevor weitere Maßnahmen festgesetzt werden.
- Eine festgesetzte Maßnahme ist nach 5 Jahren verjährt. Das heißt: Ein Arzt, bei dem vor mehr als 5 Jahren eine Maßnahme festgesetzt wurde, gilt bei erneuter Auffälligkeit wieder als „erstmalig auffällig" und erhält zunächst erneut eine „Beratung vor weiteren Maßnahmen".

Weitere Maßnahmen bei statistischen Prüfungen

- Über weitere Maßnahmen verständigen sich die regionalen Vertragspartner. Eine weitere Maßnahme nach erfolgter Beratung kann entsprechend der gesetzlichen Vorgaben insbesondere auch die Festsetzung einer Nachforderung oder Kürzung sein. In diesem Fall sollen gesetzliche Rabatte und Zuzahlungen berücksichtigt werden.

Spezifische Vorgaben für die Wirtschaftlichkeitsprüfung verordneter Arzneimittel

• Die regionalen Vertragspartner sind in der Wahl der Prüfungsart und -methode frei. Dies gilt gleichermaßen für die zu vereinbarenden Prüfgegenstände (z. B. Zielkriterien auf Basis eines Katalogs für indikationsgerechte wirtschaftliche Wirkstoffauswahl in versorgungsrelevanten Indikationen).

• Wie bisher können Praxisbesonderheiten vereinbart werden. Diese sollen vor Einleitung eines Prüfverfahrens berücksichtigt werden. Darüber hinaus kann der Arzt weitere individuelle Praxisbesonderheiten im Rahmen der Prüfung geltend machen.

• Rahmenvorgaben Wirtschaftlichkeitsprüfung (gültig bis 30.04.2020) (Stand: 01.01.2020, PDF, 269 KB)

• 6. Änderungsvereinbarung zur Rahmenvorgaben für die Wirtschaftlichkeitsprüfung (Stand: 01.01.2020, PDF, 106 KB)

• 5. Änderungsvereinbarung zur Rahmenvorgaben für die Wirtschaftlichkeitsprüfung (Stand: 01.01.2019, PDF, 111 KB)

• 4. Änderungsvereinbarung zur Rahmenvorgaben für die Wirtschaftlichkeitsprüfung (Stand: 01.08.2018, PDF, 35 KB)

• 3. Änderungsvereinbarung zur Rahmenvorgaben für die Wirtschaftlichkeitsprüfung (Stand: 01.01.2018, PDF, 244 KB)

• 2. Änderungsvereinbarung zur Rahmenvorgaben für die Wirtschaftlichkeitsprüfung (Stand: 01.01.2017, PDF, 332 KB)

Für Gedanken, Notizen und Fragen: